미리 만나는
중등 한자

초등 학습 한자 ❻

미리 만나는 중등 한자

박두수 지음

송진섭·이병호·강혜정 선생님 추천

중앙에듀북스

안녕하세요? 박두수입니다.

한자는 왜 공부해야만 할까요?

- 한자는 세계 인구의 26%가 사용하는 동양권의 대표문자입니다.
- 우리말의 70% 이상을 차지하고 있는 것이 한자어입니다.

한자를 잘하면 왜 공부를 잘하게 될까요?

- 한자는 풍부한 언어 문자 생활과 다른 과목의 학습을 도와주는 역할을 합니다.
- 중학교 1학년 기본 10개 교과목에 2,122자의 한자와 약 14만 번의 한자어가 나옵니다.
- 한자 표기를 통한 학습을 통해서 43%가 학업 성적이 향상되었습니다.

쓰기 및 암기 위주의 한자 학습, 이제 바뀌어야 합니다.

한자는 만들어진 원리를 생각하며 학습하면 쉽게 익힐 수 있습니다.

예	休(**쉴** 휴) = 亻(**사람** 인) + 木(**나무** 목) **사람**(亻)이 햇빛을 피해서 **나무**(木)에 기대어 쉰다는 뜻입니다.

"선생님! 해도 해도 안 돼요. 한자가 너무 어려워요."

이렇게 말하면서 울먹이던 어린 여학생의 안타까운 눈망울을 바라보며 '어떻게 하면 한자를 쉽게 익힐 수 있을까?' 오랜 시간 기도하며 연구하였습니다.

부디 《초등 학습 한자》가 한자와 친해지는 계기가 되고, 여러분의 한자 공부에 많은 도움이 되기를 진심으로 기도합니다.

오랫동안 한자를 가르쳐 주신 아버지 박영 훈장님과 주야로 기도해 주신 어머니 송숙희 권사님, 그리고 《초등 학습 한자》가 출간될 수 있도록 도움을 주신 모든 분들께 진심으로 사랑과 감사의 뜻을 전합니다.

박두수 올림

부수도 모르고 한자를 공부한다구요?

1. 처음 한글을 어떻게 배우는지 생각해 보세요.

한글은 먼저 자음과 모음을 배우고 자음과 모음을 결합해서 글자를 배웁니다. 한글은 자음과 모음이 기본입니다.

2. 또 영어는 처음에 무엇부터 배우는지 생각해 보세요.

영어는 먼저 알파벳을 배우고 알파벳을 결합해서 단어를 배웁니다. 영어는 알파벳이 기본입니다.

3. 그런데 한자는 부수도 모르고 배운다구요?

한자는 부수가 기본입니다. 한자는 부수를 결합하여 만든 글자입니다.

4. 다음의 한자를 익혀 보세요.

間(사이 간), 問(물을 문), 聞(들을 문), 閉(닫을 폐), 開(열 개), 閑(한가할 한), 閣(집 각), 關(빗장 관)

어때요? 잘 외워지지도 않고 또 외웠다 하더라도 모양이 비슷해서 많이 헷갈리지요? 그래서 한자는 무조건 외우는 것이 아닙니다.

5. 그럼 한자는 어떻게 공부해야 할까요?

한자는 무조건 쓰면서 외우는 것이 아닙니다. 한자는 만들어진 원리가 있습니다. 한자는 부수를 결합해서 만든 글자입니다. 그러니 한글의 자음과 모음처럼, 또 영어의 알파벳처럼 한자는 부수부터 공부해야 합니다.

6. 이제는 부수를 이용해서 이렇게 공부해 볼까요?

間(사이 간) = 門(문 문) + 日(해 일)	문(門) 사이로 햇빛(日)이 들어오니
問(물을 문) = 門(문 문) + 口(입 구)	문(門)에 대고 입(口) 벌려 물으니
聞(들을 문) = 門(문 문) + 耳(귀 이)	문(門)에 귀(耳)를 대고 들으니
閉(닫을 폐) = 門(문 문) + 才(재주 재)	고장 난 문(門)을 재주껏(才) 닫으니

왜 초등 학습 한자 부수일 수밖에 없는가?

1. 기존 214자의 부수를 160자로 새로 정리하였습니다.

모양이 비슷한 부수는 통합하고, 잘 쓰이지 않는 부수는 제외하였습니다.

2. 부수의 뜻과 음을 새로 정리하였습니다.

- 一은 그동안 **하나**라는 뜻으로만 알고 있었습니다. 그러나 이 책에서는 一(한 일, 하늘 일, 땅 일)이라는 뜻으로 새로 정리하였습니다.

一 (한 일)	+	二 (둘 이)	=	三 (석 삼)	하나(一) 더하기 둘(二)은? 셋
一 (하늘 일)	+	人 (사람 인)	=	大 (큰 위대할 대)	하늘(一)과 통하는 사람(人)은 지위가 크고 위대하다는 뜻입니다.
日 (해 일)	+	一 (땅 일)	=	旦 (아침 단)	해(日)가 땅(一) 위로 떠오를 때는 아침이니

- 二도 그동안 **둘**이라는 뜻으로만 알고 있었습니다. 그러나 이 책에서는 二(둘 이, 하늘땅 이)라는 뜻으로 새로 정리하였습니다.

二 (하늘땅 이)	+	儿 (걷는 사람 인)	=	元 (으뜸 원)	하늘땅(二)의 많은 생물 중에서 걷는 사람(儿)이 으뜸이니

3. 새로운 모양의 부수를 발견하여 정리하였습니다.

이 책에서는 그동안 우리가 몰랐던 부수를 새로 발견하여 정리하였습니다.

𠂉 (사람 인)	+	土 (땅 토)	=	生 (날 살 생)	사람(𠂉)은 땅(土)에서 태어나 살아간다는 뜻입니다.
𠂒 (소 우)	+	口 (입 구)	=	告 (고할 알릴 고)	신에게 소(𠂒)를 제물로 바치고 입(口)으로 소원을 고하여 알린다는 뜻입니다.

초등 학습 한자를 왜 출간하게 되었는가?

1. 우리나라 초등학생들의 국어 어휘실력이 부족하여 원활한 의사소통은 물론 교과서에 나오는 단어의 뜻조차도 잘 모른다고 합니다. 우리말의 70% 이상이 한자어이며, 중학교 1학년 교과서에 약 14만 번의 한자어가 나오고, 한자 표기를 통한 학습을 통해서 43%가 학업 성적이 향상된 결과로 보아 한자는 꼭 배워야 합니다.

2. 한자는 무려 10만자가 넘는다고 합니다. 이 중에서 초등학생이 몇 글자를 배우고 또 어떤 글자를 배워야 하는지 기준이 없습니다. 그리고 2019년부터 초등학교 5, 6학년 교과서에 한자 병기를 합니다.

3. 현재 초등학생이 꼭 알아야 할 한자와 또 초등학생의 눈높이에 알맞은 한자교재가 없습니다.

4. 그래서 한자를 담당하는 선생님은 성인용 한자 교재를 선정하거나 여러 교재를 조합하여 한자를 가르치고 있는 것이 현실입니다.

초등 학습 한자의 특징	
	❶ 초등학교 전 학년의 모든 교과서를 분석하고, 또 일상생활에서 자주 사용하는 한자어를 선별하여 초등학생이 꼭 알아야 할 한자를 선정하였습니다.
	❷ 한자를 쉽고 재미있게 익히기 위하여 새로운 뜻과 새로운 모양의 부수 160자를 정리하였습니다.
	❸ 한자를 외우지 않고 이해할 수 있도록 부수를 이용해서 이야기 식으로 풀어서 설명하였습니다.
	❹ 기존의 복잡하고 어려운 한자를 쓰는 순서와 달리 이해하기 쉽고, 쓰기 편하게 필순을 바꿨습니다.
	❺ 초등학생의 눈높이에 맞추어서 한자를 쉽게 풀이했습니다.
	❻ 중학생이 되기 전 또는 중학생이라면 기본적으로 꼭 알아야 할 한자어를 포함하고 있습니다.

6-1 신습한자

읽기? 뜻, 음을 가리고 읽어본 후 틀린 글자는 V표 하세요.
한자를 가리고 써본 후 틀린 글자는 V표 하세요. 쓰기?

읽기 1	읽기 2	한자	부수	뜻	음	쓰기 1	쓰기 2
		方	方	사방	방		
		房	户	방	방		
		防	阝	막을	방		
		訪	言	찾을	방		
		其	八	그	기		
		基	土	터	기		
		期	月	때	기		
		旗	方	기	기		
		族	方	겨레	족		
		旅	方	여행할	려		
		也	乚	또한	야		
		地	土	땅	지		
		池	氵	연못	지		
		他	亻	다를	타		
		看	目	볼	간		

읽기 1	읽기 2	한자	부수	뜻	음	쓰기 1	쓰기 2
		價	亻	값	가		
		責	貝	꾸짖을	책		
		績	糸	짤	적		
		積	禾	쌓을	적		
		隊	阝	무리	대		
		臭	自	냄새	취		
		息	心	숨쉴	식		
		壯	士	씩씩할	장		
		裝	衣	꾸밀	장		
		倝	日	해 돋을	간		
		朝	月	아침	조		
		韓	韋	나라	한		
		偉	亻	위대할	위		
		圍	口	에워쌀	위		
		雄	隹	수컷	웅		

6-2 신습한자

읽기? 뜻, 음을 가리고 읽어본 후 틀린 글자는 V표 하세요.
한자를 가리고 써본 후 틀린 글자는 V표 하세요. 쓰기?

읽기 1	읽기 2	한자	부수	뜻	음	쓰기 1	쓰기 2
		周	口	두루	주		
		調	言	조사할	조		
		週	辶	주일	주		
		卒	十	마칠	졸		
		伏	亻	엎드릴	복		
		傳	亻	전할	전		
		團	口	모을	단		
		困	口	곤란할	곤		
		圖	口	그림	도		
		夜	夕	밤	야		
		去	厶	갈	거		
		法	氵	법	법		
		被	衤	입을	피		
		波	氵	물결	파		
		步	止	걸음	보		

읽기 1	읽기 2	한자	부수	뜻	음	쓰기 1	쓰기 2
		充	儿	가득할	충		
		育	月	기를	육		
		庫	广	창고	고		
		案	木	책상	안		
		德	彳	덕	덕		
		泉	水	샘	천		
		習	羽	익힐	습		
		取	又	가질	취		
		最	曰	가장	최		
		切	刀	끊을	절		
		爭	爫	다툴	쟁		
		愛	心	사랑	애		
		種	禾	씨	종		
		歷	止	지낼	력		
		病	疒	병	병		

6-3 신습한자

읽기? 뜻, 음을 가리고 읽어본 후 틀린 글자는 V표 하세요.
한자를 가리고 써본 후 틀린 글자는 V표 하세요. 쓰기?

읽기 1	읽기 2	한자	부수	뜻	음	쓰기 1	쓰기 2
		原	厂	들판	원		
		願	頁	원할	원		
		類	頁	무리	류		
		傾	亻	기울	경		
		過	辶	지날	과		
		筆	竹	붓	필		
		寒	宀	찰	한		
		溫	氵	따뜻할	온		
		漏	氵	샐	루		
		湖	氵	호수	호		
		析	木	쪼갤	석		
		折	扌	꺾을	절		
		黃	黃	누를	황		
		廣	广	넓을	광		
		競	立	다툴	경		

읽기 1	읽기 2	한자	부수	뜻	음	쓰기 1	쓰기 2
		番	田	차례	번		
		炎	火	불꽃	염		
		談	言	말씀	담		
		善	口	착할	선		
		黑	黑	검을	흑		
		質	貝	품질	질		
		貴	貝	귀할	귀		
		然	灬	당연할	연		
		無	灬	없을	무		
		並	一	나란히	병		
		對	寸	대답할	대		
		業	木	일	업		
		練	糸	익힐	련		
		變	言	변할	변		
		鼻	鼻	코	비		

6-4 신습한자

읽기? 뜻, 음을 가리고 읽어본 후 틀린 글자는 V표 하세요.
한자를 가리고 써본 후 틀린 글자는 V표 하세요. 쓰기?

읽기 1	읽기 2	한자	부수	뜻	음	쓰기 1	쓰기 2
		觀	見	볼	관		
		歡	欠	기쁠	환		
		關	門	빗장	관		
		戰	戈	싸움	전		
		勝	力	이길	승		

읽기 1	읽기 2	한자	부수	뜻	음	쓰기 1	쓰기 2
		醫	酉	의원	의		
		舊	臼	오랠	구		
		急	心	급할	급		
		會	曰	모일	회		
		識	言	알	식		

1

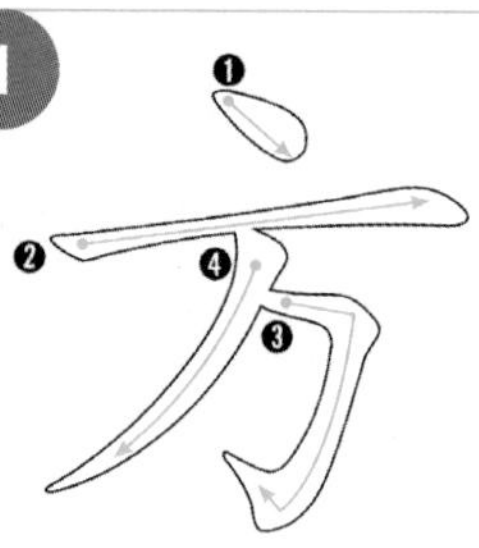

모
사방 방

⼇	+	亅	+	丿
머리 두		구부릴 을		끈 별

머리(⼇)를 **구부려**(亅) **끈**(丿)으로 모나게 묶고 사방으로 다니니

*모 : 물건의 거죽으로 쑥 나온 귀퉁이

方						

- 四方(사방) : 동, 서, 남, 북 네 방위
- 方面(방면) : 어떤 장소나 지역이 있는 방향

2

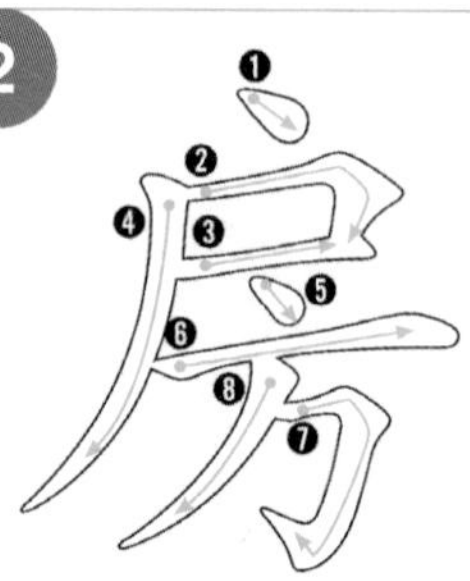

방 방

户	+	方
문 호		사방 방

문(户)을 **사방**(方)으로 낸 방

*한옥은 방에 여러 개의 문이 달려 있습니다.

房						

- 各房(각방) : 각각의 방
- 房門(방문) : 방을 드나드는 문

3

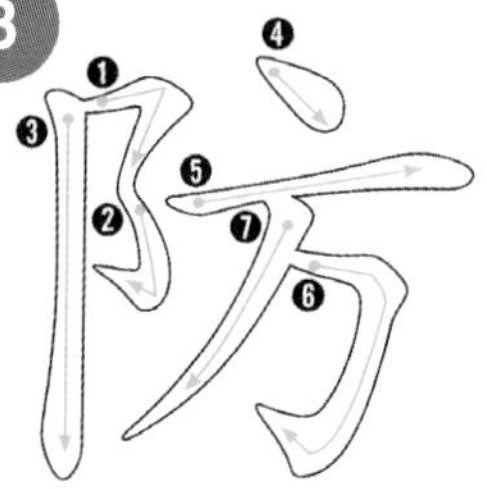

막을 방

阝	+	方
언덕 부		사방 방

언덕(阝)에서 **사방**(方)으로 쳐들어오는 적을 막으니

*언덕에서 적을 막아야 쉽죠?

防						

- 防火(방화) : 불이 나는 것을 미리 막음
- 防水(방수) : 스며들거나 넘쳐흐르는 물을 막음

4

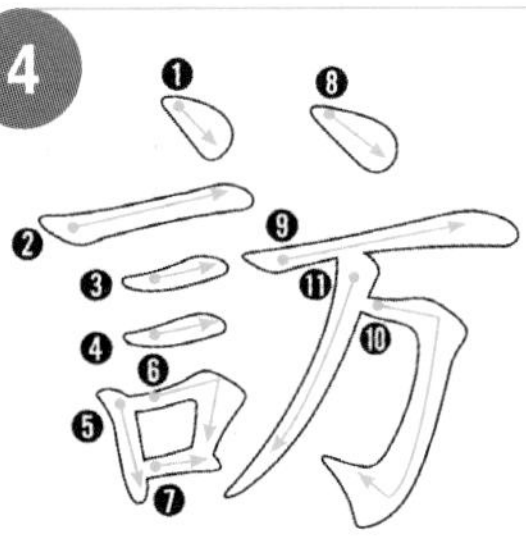

찾을 방

言	+	方
말씀 언		사방 방

말(言)하여 **사방**(方)으로 찾으니

訪						

- 訪韓(방한) : 한국을 방문함
- 訪問(방문) : 남을 찾아가 봄

5

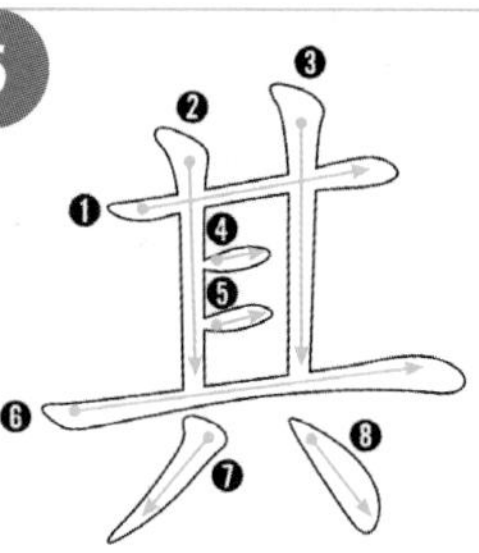

그 기

廾	+	三	+	八
스물 입		석 삼		나눌 팔

스물(廾) **세**(三) 개를 그곳에 **나누어**(八) 담으니

其						

- 其後(기후) : 그 뒤
- 其外(기외) : 그밖에

알림 마당

알맞게 연결하세요.

方 •	• 사방 방
房 •	• 막을 방
防 •	• 방 방
訪 •	• 그 기
其 •	• 찾을 방

낙서판

6

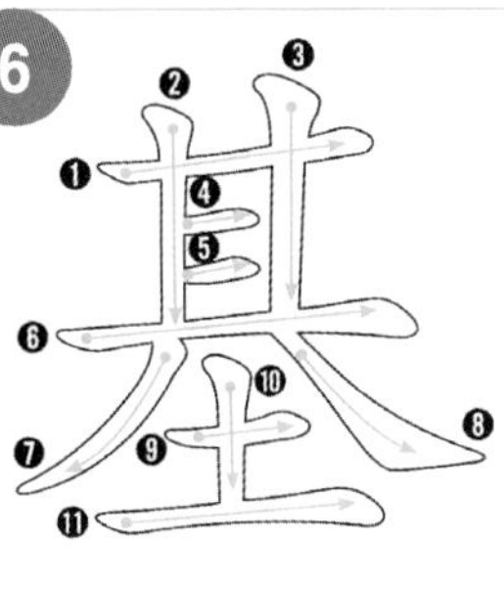

터 기

其 + 土
그 기 | 땅 토

그(其) **땅**(土)에 터를 정하니

*터 : 집이나 건물을 지었거나 지을 자리

基

- 基金(기금) : 기초가 되는 자금
- 基本(기본) : 사물이나 현상, 이론 따위의 기초와 근본

7

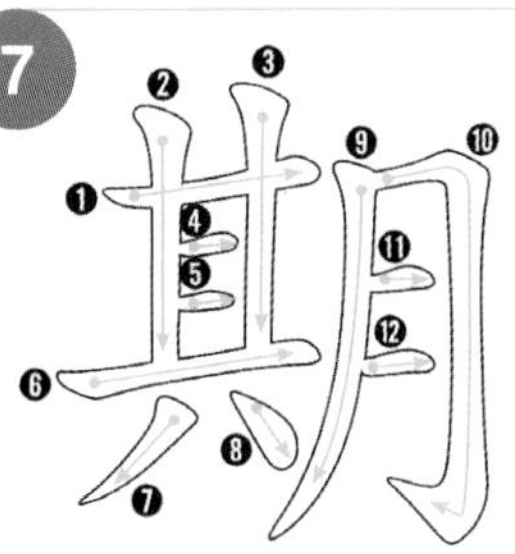

때 기약할 기

其 + 月
그 기 | 달 월

그(其) **달**(月)의 모양을 보고 때를 기약하니

*달의 모양을 보면 때를 알 수 있다는 뜻입니다.

期

- 期日(기일) : 정해진 날짜
- 期約(기약) : 때를 정하여 약속함

8

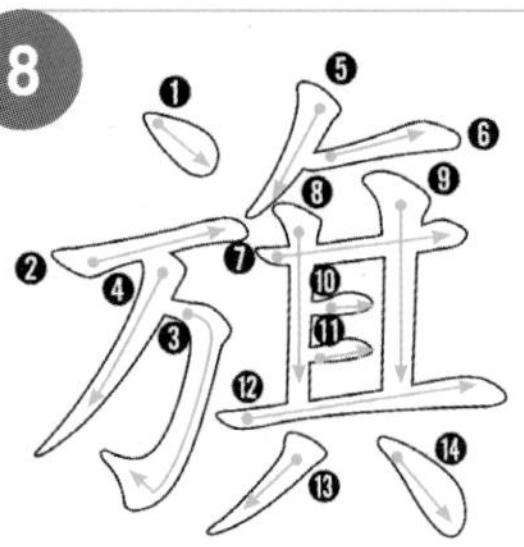

기 기

方	+	𠂉	+	其
사방 방		사람 인		그 기

사방(方)에서 **사람**(𠂉)들이 바라보는 **그**(其) 기

*사방에서 사람들이 깃발을 바라본다는 뜻입니다.

旗						

- 國旗(국기) : 나라를 상징하는 깃발
- 校旗(교기) : 학교를 상징하는 깃발

9

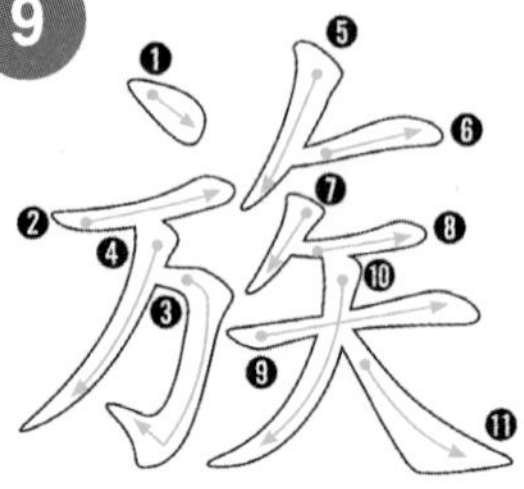

겨레 족

方	+	𠂉	+	𠂉	+	大
사방 방		사람 인		사람 인		큰 대

사방(方)에서 **사람**(𠂉)과 **사람**(𠂉)들이 모여 **큰**(大) 겨레를 이루니

族						

- 族長(족장) : 종족이나 부족의 우두머리
- 家族(가족) : 부부를 중심으로 가정을 이루는 사람들

10

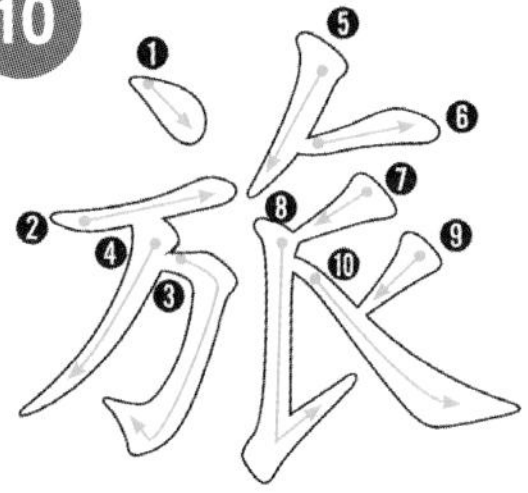

방 (方) + 人 (𠂉) + 氏 (𠂢)

方	𠂉	𠂢
사방 방	사람 인	뿌리 씨

사방(方)에서 **사람**(𠂉)들이 **뿌리**(𠂢)처럼 얽히고설켜 여행하니

*사방에서 많은 사람들이 무리지어 여행한다는 뜻입니다.

여행할 나그네 려

旅

- 旅客(여객) : 여행하는 사람
- 旅行(여행) : 다른 고장이나 다른 나라에 가는 일

알림 마당

알맞게 연결하세요.

基 •	• 여행할 려
期 •	• 기 기
旗 •	• 터 기
族 •	• 때 기
旅 •	• 겨레 족

낙서판

♣ 한자 밑에 뜻과 음을 쓰고, 옆 ( )에는 알맞은 부수를 쓰세요.

方
( )
머리( )를 구부려( ) 끈( )으로 모나게 묶고 사방으로 다니니

房
( )
문( )을 사방( )으로 낸 방

防
( )
언덕( )에서 사방( )으로 쳐들어오는 적을 막으니

訪
( )
말( )하여 사방( )으로 찾으니

其
( )
스물( ) 세( ) 개를 그곳에 나누어( ) 담으니

基
( )
그( ) 땅( )에 터를 정하니

期
( )
그( ) 달( )의 모양을 보고 때를 기약하니

旗
( )
사방( )에서 사람( )들이 바라보는 그( ) 기

族
( )
사방( )에서 사람( )과 사람( )들이 모여 큰( ) 겨레를 이루니

旅
( )
사방( )에서 사람( )들이 뿌리( )처럼 얽히고설켜 여행하니

♣ 숫자 순서대로 부수를 결합하여 한자를 만들고 옆에 뜻과 음을 쓰세요.

① 方　② 户　③ 阝　④ 言　⑤ 其

1. ① =

2. ② + ① =

3. ③ + ① =

4. ④ + ① =

5. ⑤ =

① 其　② 土　③ 月　④ 方　⑤ 𠂉　⑥ 大　⑦ 𧘇

6. ① + ② =

7. ① + ③ =

8. ④ + ⑤ + ① =

9. ④ + ⑤ + ⑤ + ⑥ =

10. ④ + ⑤ + ⑦ =

다음 한자어의 독음을 쓰세요.

四方	方面	各房
房門	防火	防水
訪韓	訪問	其後
其外	基金	基本
期日	期約	國旗
校旗	族長	家族
旅客	旅行	

다음 한자어를 한자로 쓰세요.

넉 사	사방 방	사방 방	얼굴 면	각각 각	방 방
방 방	문 문	막을 방	불 화	막을 방	물 수
찾을 방	한국 한	찾을 방	물을 문	그 기	뒤 후
그 기	바깥 외	터 기	돈 금	터 기	근본 본
때 기	날 일	기약할 기	약속할 약	나라 국	기 기
학교 교	기 기	겨레 족	어른 장	집 가	겨레 족
여행할 려	손님 객	여행할 려	다닐 행		

11

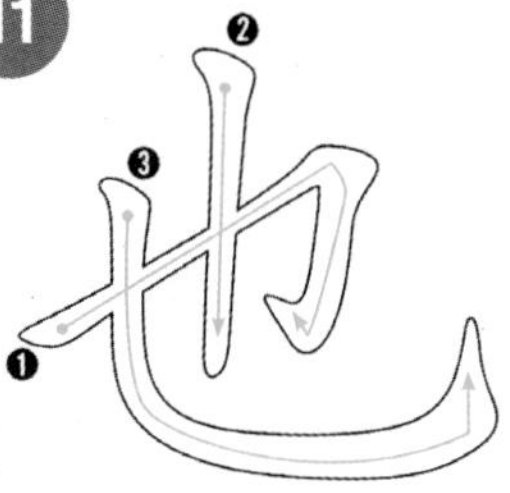

또한 야

力 + 乚

힘 력 | 구부릴 을

힘(力)을 **구부리고**(乚) 또한 쓰니

也						

12

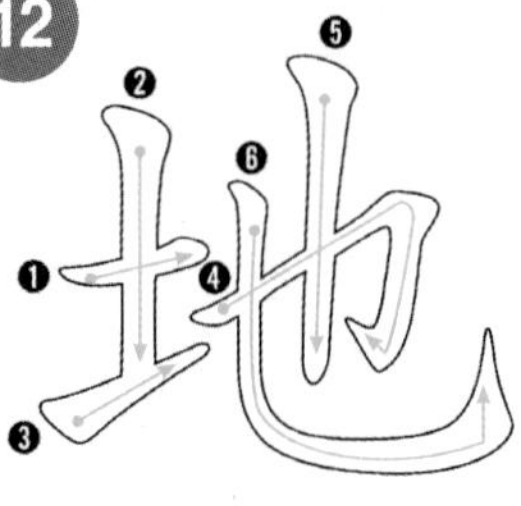

땅 지

土 + 也

흙 토 | 또한 야

흙(土) **또한**(也) 땅이니

地						

- 大地(대지) : 넓고 큰 땅
- 地力(지력) : 농작물을 길러 낼 수 있는 땅의 힘

13

池

氵 + 也

물 수 | 또한 아

물(氵)이 많이 고이면 **또한**(也) 연못을 이루니

*넓고 오목하게 팬 땅에 물이 고이면 연못이 됩니다.

연못 지

池

- 池上(지상) : 연못의 물위
- 池中(지중) : 연못 가운데

14

他

亻 + 也

사람 인 | 또한 아

사람(亻) **또한**(也) 모두 다르니

*사람은 모두 다르다는 뜻입니다.

다를 남 타

他

- 他人(타인) : 다른 사람
- 他國(타국) : 다른 나라

15

볼 간

手	+	目
손 수		눈 목

손(手)을 **눈**(目) 위에 얹고 보니

*눈이 부셔서 손을 눈 위 이마에 얹어 빛을 가리고 본다는 뜻입니다.

看						

- 看守(간수) : 보살피고 지킴
- 看書(간서) : 책을 눈으로 읽음

알림 마당

알맞게 연결하세요.

也 •	• 볼 간
地 •	• 또한 야
池 •	• 땅 지
他 •	• 연못 지
看 •	• 다를 타

낙서판

16

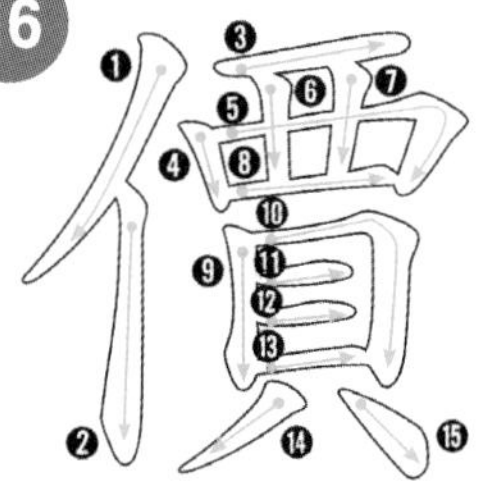

값 가

亻 사람 인 + 襾 덮을 아 + 貝 돈 패

사람(亻)이 **덮여**(襾) 있는 **돈**(貝)을 꺼내어 값을 치르니

*지갑이나 주머니에 덮여 있는 돈을 꺼내어 값을 치른다는 뜻입니다.

價

- 高價(고가) : 비싼 가격
- 市價(시가) : 시장에서 상품이 매매되는 가격

17

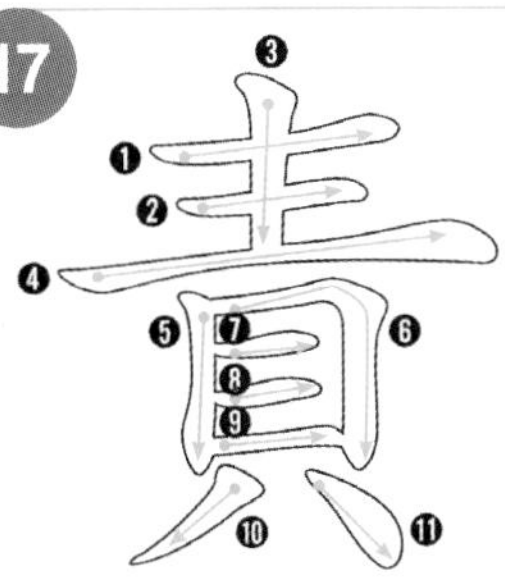

꾸짖을 책임 책

龶 살 생 + 貝 돈 패

생명(龶) 같은 **돈**(貝)을 어쨌냐고 꾸짖으며 책임을 물으니

責

- 問責(문책) : 잘못을 캐묻고 꾸짖음
- 責望(책망) : 잘못을 꾸짖거나 나무라며 못마땅하게 여김

18

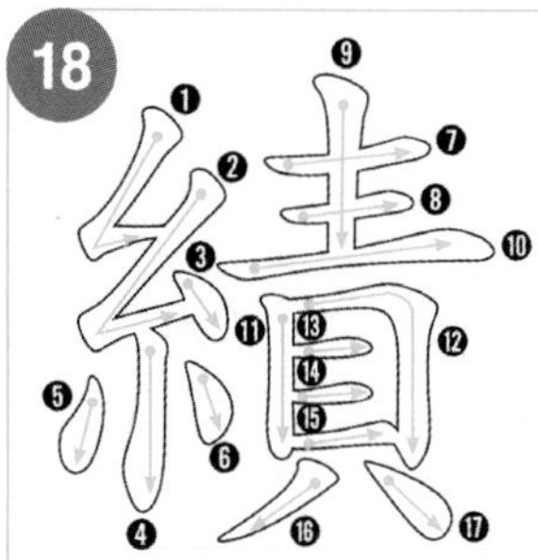

짤 적

糸 + 責

실 사 | 책임 책

실(糸)을 뽑아 **책임**(責)지고 길쌈하니

*길쌈 : 실을 내어 옷감을 짜는 모든 일을 통틀어 이르는 말

績						

- 績女(적녀) : 베를 짜는 여자
- 功績(공적) : 노력과 수고를 들여 이루어 낸 일의 결과

19

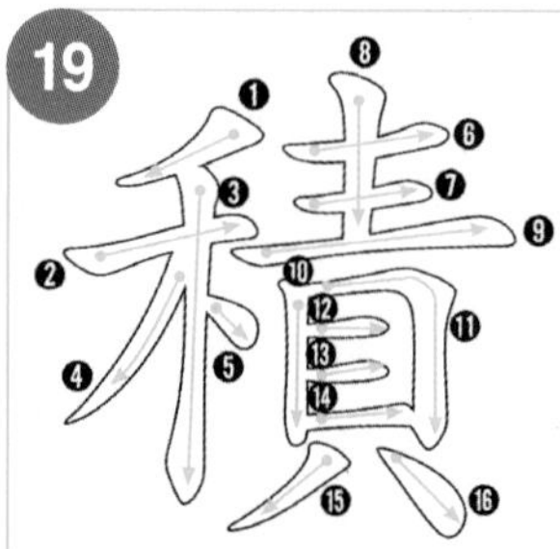

쌓을 적

禾 + 責

벼 화 | 책임 책

벼(禾)를 수확하여 **책임**(責)지고 쌓으니

*벼를 수확하여 쌓아 저장한다는 뜻입니다.

積						

- 積金(적금) : 돈을 모아 둠
- 積立(적립) : 모아서 쌓아 둠

20

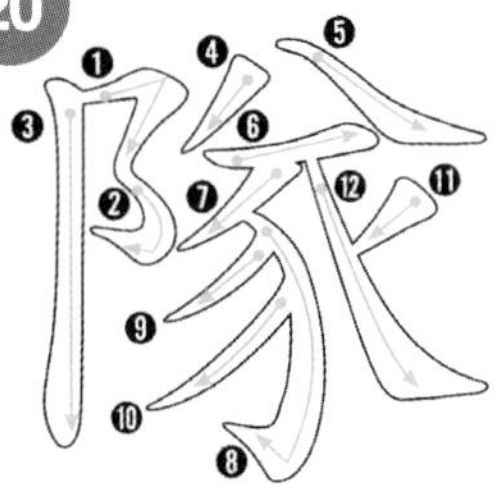

阝	八	豕
언덕 부	나눌 팔	돼지 시

무리 군대 대

언덕(阝)에 **나누어**(八) **돼지**(豕)처럼 무리지어 있는 군대

*언덕에 군대가 돼지처럼 무리지어 있다는 뜻입니다.

隊						

- 入隊(입대) : 군대에 들어가 군인이 됨
- 軍隊(군대) : 일정한 규율과 질서를 가지고 조직된 군인의 집단

알림 마당

알맞게 연결하세요.

價 •	• 무리 대
責 •	• 값 가
績 •	• 짤 적
積 •	• 꾸짖을 책
隊 •	• 쌓을 적

낙서판

♣ 한자 밑에 뜻과 음을 쓰고, 옆 (　　)에는 알맞은 부수를 쓰세요.

也
(　　　　　　　　)

힘(　　)을 **구부리고**(　　) 또한 쓰니

地
(　　　　　　　　)

흙(　　) **또한**(　　) 땅이니

池
(　　　　　　　　)

물(　　)이 많이 고이면 **또한**(　　) 연못을 이루니

他
(　　　　　　　　)

사람(　　) **또한**(　　) 모두 다르니

看
(　　　　　　　　)

손(　　)을 **눈**(　　) 위에 얹고 보니

價
(　　　　　　　　)

사람(　　)이 **덮여**(　　) 있는 **돈**(　　)을 꺼내어 값을 치르니

責
(　　　　　　　　)

생명(　　) 같은 **돈**(　　)을 어쨌냐고 꾸짖으며 책임을 물으니

績
(　　　　　　　　)

실(　　)을 뽑아 **책임**(　　)지고 길쌈하니

積
(　　　　　　　　)

벼(　　)를 수확하여 **책임**(　　)지고 쌓으니

隊
(　　　　　　　　)

언덕(　　)에 **나누어**(　　) **돼지**(　　)처럼 무리지어 있는 군대

♣ 숫자 순서대로 부수를 결합하여 한자를 만들고 옆에 뜻과 음을 쓰세요.

① 也 ② 土 ③ 氵 ④ 亻 ⑤ 手 ⑥ 目

11. ① =

12. ② + ① =

13. ③ + ① =

14. ④ + ① =

15. ⑤ + ⑥ =

① 亻 ② 襾 ③ 貝 ④ 責 ⑤ 糸 ⑥ 禾 ⑦ 卩 ⑧ 八 ⑨ 豕

16. ① + ② + ③ =

17. ④ =

18. ⑤ + ④ =

19. ⑥ + ④ =

20. ⑦ + ⑧ + ⑨ =

다음 한자어의 독음을 쓰세요.

大地	地力	池上
池中	他人	他國
看守	看書	高價
市價	問責	責望
績女	功績	積金
積立	入隊	軍隊

다음 한자어를 한자로 쓰세요.

큰 대 땅 지	땅 지 힘 력	연못 지 윗 상
연못 지 가운데 중	다를 타 사람 인	다를 타 나라 국
볼 간 지킬 수	볼 간 글 서	높을 고 값 가
시장 시 값 가	물을 문 꾸짖을 책	꾸짖을 책 바랄 망
짤 적 여자 녀	공 공 짤 적	쌓을 적 돈 금
쌓을 적 설 립	들 입 군대 대	군사 군 군대 대

♣ 아래의 빈칸에 한자는 뜻과 음을, 뜻과 음은 한자를 쓰세요.

1~20번 형성평가

	方	房	防	訪	其
基	期	旗	族	旅	也
地	池	他	看	價	責
績	積	隊		사방 방	방 방
막을 방	찾을 방	그 기	터 기	때 기	기 기
겨레 족	여행할 려	또한 야	땅 지	연못 지	다를 타
볼 간	값 가	꾸짖을 책	짤 적	쌓을 적	무리 대

21

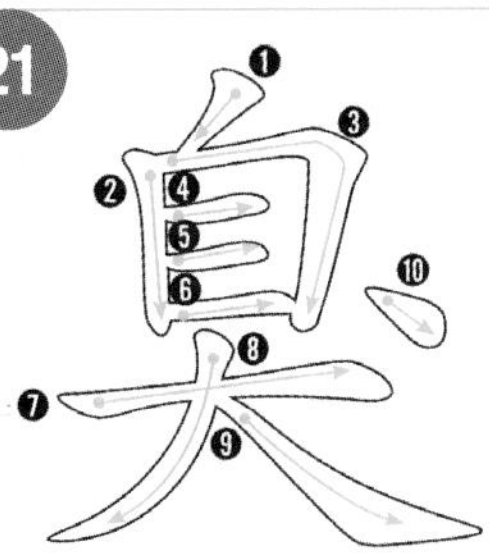

냄새 취

自	+	犬
코 자		개 견

코(自)로 **개**(犬)처럼 냄새 맡으니

臭						

- 五臭(오취) : 다섯 가지 냄새
- 體臭(체취) : 몸에서 나는 냄새

22

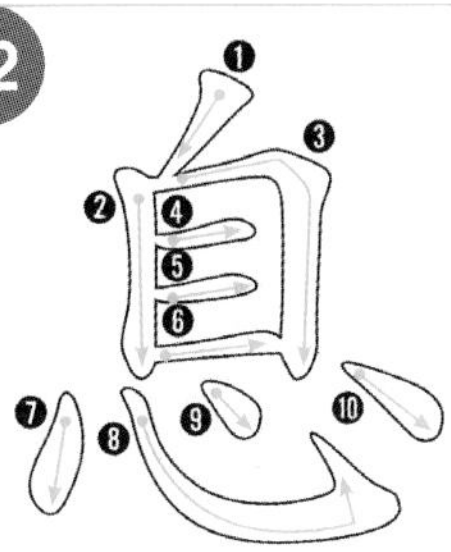

숨 쉴 쉴 식

自	+	心
코 자		심장 심

코(自)와 **심장**(心)으로 숨 쉬며 쉬니

息						

- 安息(안식) : 편히 쉼
- 休息(휴식) : 일을 멈추고 쉼

23

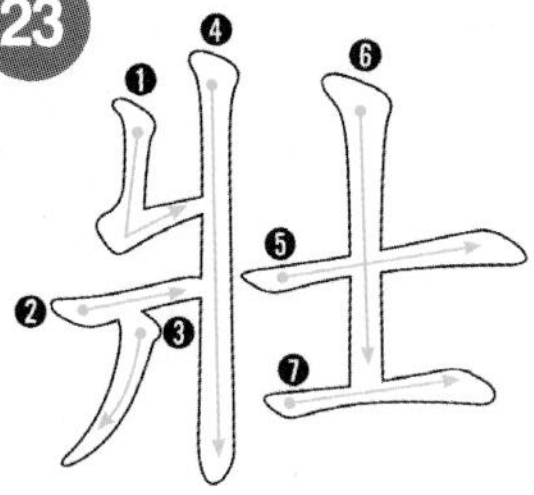

씩씩할 장

爿	士
장수 장	선비 사

장수(爿)처럼 **선비**(士)가 씩씩하니

*글공부만 한 선비가 장수처럼 씩씩하다는 뜻입니다.

壯						

- 健壯(건장) : 몸이 튼튼하고 기운이 셈
- 壯士(장사) : 몸이 우람하고 힘이 아주 센 사람

24

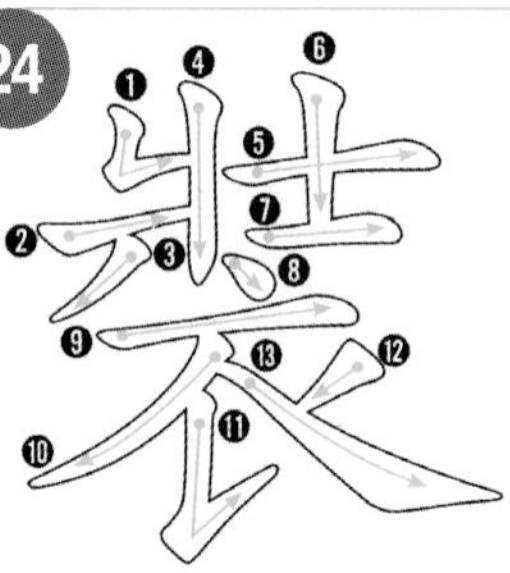

꾸밀 장

爿	士	衣
장수 장	선비 사	옷 의

장수(爿)처럼 **선비**(士)가 **옷**(衣)을 입어 꾸미니

*장수처럼 선비가 갑옷을 입고 꾸민다는 뜻입니다.

裝						

- 服裝(복장) : 옷을 차려입은 모양
- 男裝(남장) : 여자가 남자처럼 꾸밈

25

卓

해 돋을 간

十	+	日	+	十
열 십		해 일		열 십

십(十) 일간 **해**(日)가 **열**(十) 시에 돋으니

卓						

알림 마당

알맞게 연결하세요.

臭 •	• 숨 쉴 식
息 •	• 해 돋을 간
壯 •	• 냄새 취
裝 •	• 씩씩할 장
卓 •	• 꾸밀 장

田	+	心	=	思(생각 사)
自	+		=	息(숨 쉴 식)

26

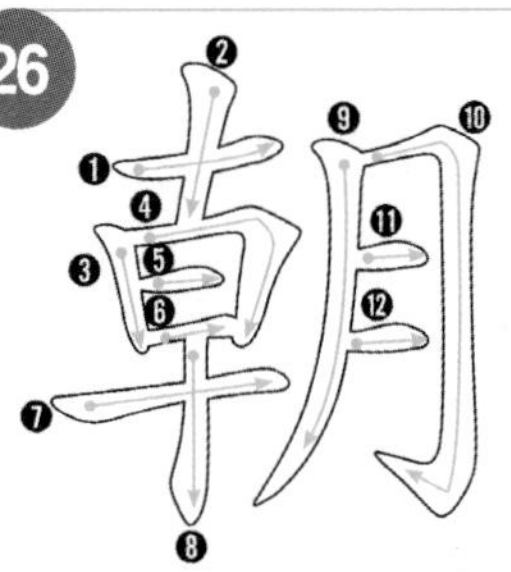

아침 조

卓	+	月
해 돋을 간		달 월

해 돋을(卓) 때 **달**(月)이 지는 아침

*달이 지고 해가 뜨는 아침을 뜻합니다.

朝						

- 朝食(조식) : 아침밥
- 朝夕(조석) : 아침과 저녁

27

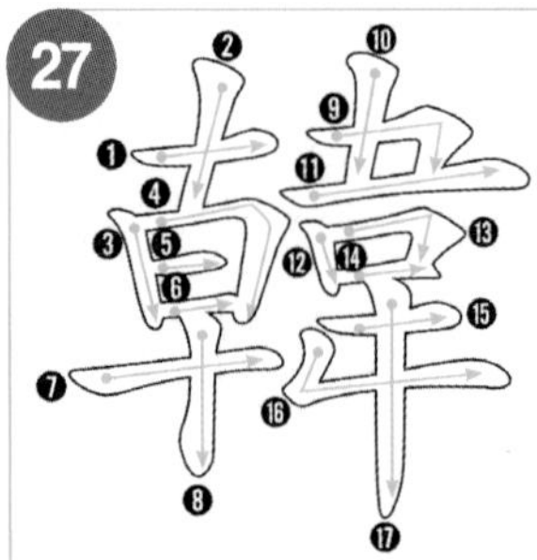

나라
한국 한

卓	+	韋
해 돋을 간		위대할 위

해 돋는(卓) 동쪽의 **위대한**(韋) 나라

*우리나라를 해 돋는 동쪽의 위대한 나라라고 합니다.

韓						

- 韓食(한식) : 우리나라 고유의 음식
- 韓紙(한지) : 우리나라 고유의 제조법으로 만든 종이

28

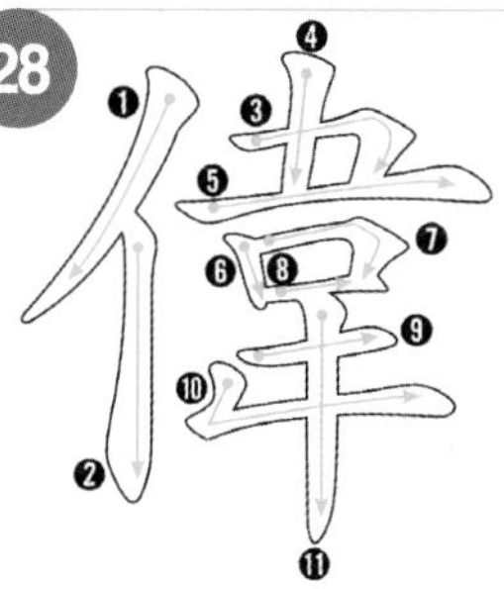

클
위대할 위

亻	+	韋
사람 인		위대할 위

사람(亻)의 능력은 크고 위대하니(韋)

偉

- 偉大(위대) : 뛰어나고 훌륭함
- 偉人(위인) : 뛰어나고 훌륭한 사람

29

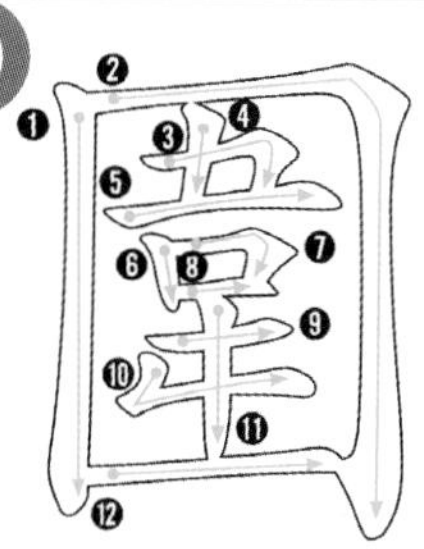

둘레
에워쌀 위

口	+	韋
울타리 위		가죽 위

울타리(口) 둘레를 **가죽**(韋)으로 에워싸니

圍

- 四圍(사위) : 사방의 둘레
- 合圍(합위) : 뺑 둘러 에워쌈

30

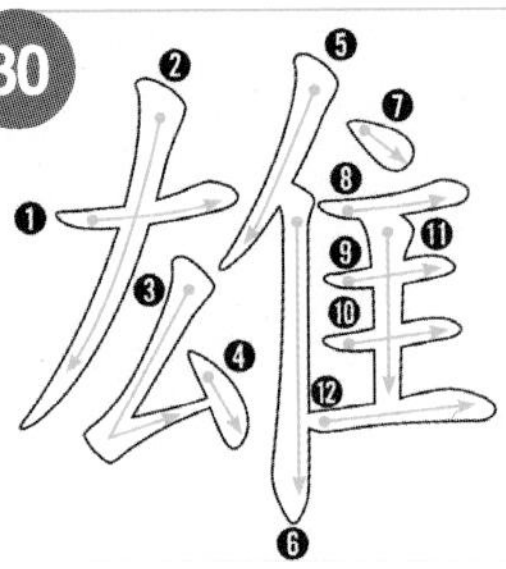

ナ + 厶 + 隹

손 우 / 나 사 / 새 추

수컷
뛰어날 웅

손(ナ)에 있는 **내**(厶) **새**(隹)는 수컷이니

雄						

- 雄力(웅력) : 뛰어난 힘
- 雄大(웅대) : 규모가 크고 웅장함

알림 마당

알맞게 연결하세요.

朝 •	• 아침 조
韓 •	• 위대할 위
偉 •	• 나라 한
圍 •	• 수컷 웅
雄 •	• 에워쌀 위

낙서판

♣ 한자 밑에 뜻과 음을 쓰고, 옆 (　　)에는 알맞은 부수를 쓰세요.

臭
(　　　　　　)
코(　　)로 개(　　)처럼 냄새 맡으니

息
(　　　　　　)
코(　　)와 심장(　　)으로 숨 쉬며 쉬니

壯
(　　　　　　)
장수(　　)처럼 선비(　　)가 씩씩하니

裝
(　　　　　　)
장수(　　)처럼 선비(　　)가 옷(　　)을 입어 꾸미니

卓
(　　　　　　)
십(　　) 일간 해(　　)가 열(　　) 시에 돋으니

朝
(　　　　　　)
해 돋을(　　) 때 달(　　)이 지는 아침

韓
(　　　　　　)
해 돋는(　　) 동쪽의 위대한(　　) 나라

偉
(　　　　　　)
사람(　　)의 능력은 크고 위대하니(　　)

圍
(　　　　　　)
울타리(　　) 둘레를 가죽(　　)으로 에워싸니

雄
(　　　　　　)
손(　　)에 있는 내(　　) 새(　　)는 수컷이니

♣ 숫자 순서대로 부수를 결합하여 한자를 만들고 옆에 뜻과 음을 쓰세요.

① 自 ② 犬 ③ 心 ④ 爿 ⑤ 士 ⑥ 衣 ⑦ 十 ⑧ 日

21. ① + ② =

22. ① + ③ =

23. ④ + ⑤ =

24. ④ + ⑤ + ⑥ =

25. ⑦ + ⑧ + ⑦ =

① 卓 ② 月 ③ 韋 ④ 亻 ⑤ 口 ⑥ 𠂇 ⑦ 厶 ⑧ 隹

26. ① + ② =

27. ① + ③ =

28. ④ + ③ =

29. ⑤ + ③ =

30. ⑥ + ⑦ + ⑧ =

다음 한자어의 독음을 쓰세요.

五臭	體臭	安息
休息	健壯	壯士
服裝	男裝	朝食
朝夕	韓食	韓紙
偉大	偉人	四圍
合圍	雄力	雄大

♣ 다음 한자어를 한자로 쓰세요.

다섯 오 냄새 취	몸 체 냄새 취	편안할 안 쉴 식
쉴 휴 쉴 식	건강할 건 씩씩할 장	씩씩할 장 선비 사
옷 복 꾸밀 장	사내 남 꾸밀 장	아침 조 밥 식
아침 조 저녁 석	한국 한 밥 식	한국 한 종이 지
위대할 위 큰 대	위대할 위 사람 인	넉 사 둘레 위
합할 합 에워쌀 위	뛰어날 웅 힘 력	뛰어날 웅 큰 대

31

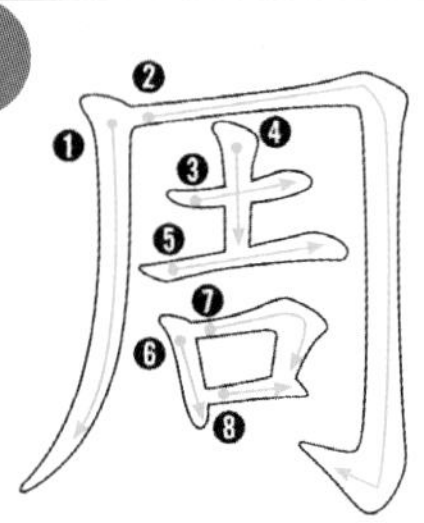

冂 + 土 + 口

성 경 / 땅 토 / 입 구

두루 주

성(冂) 안의 **땅**(土)을 **입**(口)으로 두루 설명하니

*성 안의 땅을 두루 살피며 입으로 설명한다는 뜻입니다.

周						

- 周知(주지) : 여러 사람이 두루 앎
- 周圍(주위) : 어떤 곳의 바깥 둘레

32

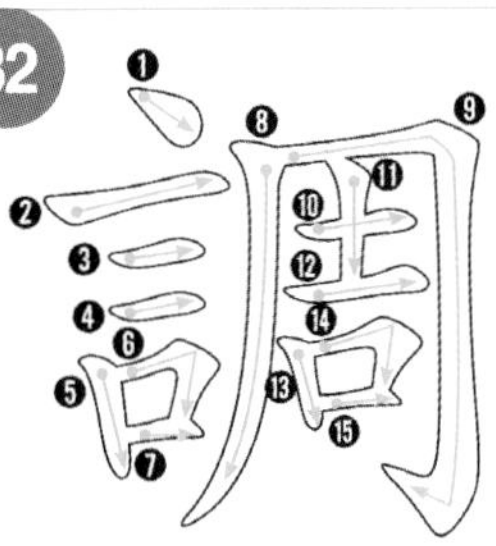

言 + 周

말씀 언 / 두루 주

고를
조사할 조

말(言)을 **두루**(周) 고르게 듣고 조사하니

調						

- 調和(조화) : 서로 잘 어울림
- 調査(조사) : 내용을 명확히 알기 위하여 자세히 살펴보거나 찾아봄

33

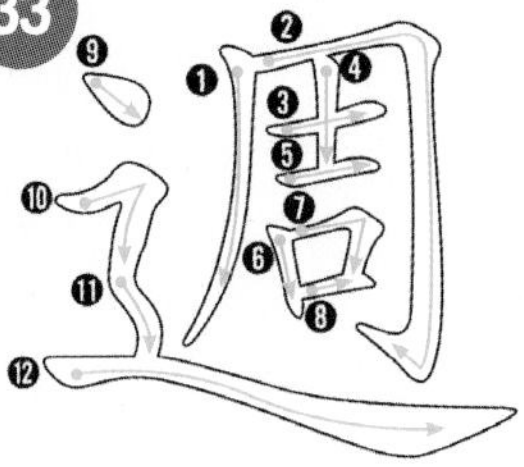

주일 주

周	+	辶
두루 주		뛸 착

두루(周) **뛰어**(辶) 도는 데 일주일 걸리니

*성 안의 땅을 두루 살피기 위해서 뛰어 도는 데 일주일이 걸린다는 뜻입니다.

週						

- 週末(주말) : 한 주일의 끝 무렵
- 週日(주일) : 월요일부터 일요일까지의 이레 동안

34

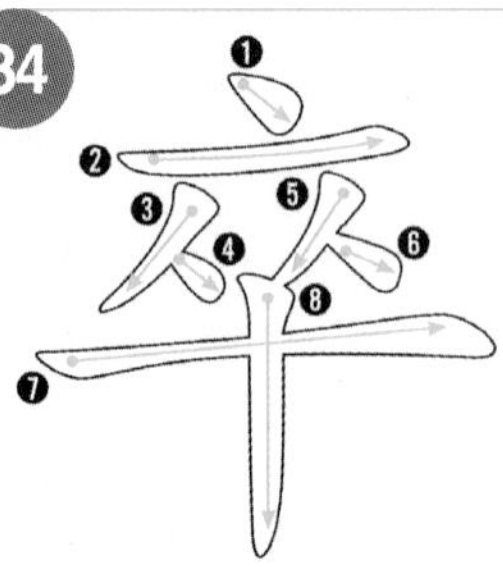

군사 마칠 졸

亠	+	人	+	人	+	十
머리 두		사람 인		사람 인		열 십

머리(亠)에 갓 쓰고 **사람**(人)과 **사람**(人)들이 **십**(十) 일 만에 군사교육을 마치니

卒						

- 卒兵(졸병) : 직위가 낮은 병사
- 卒讀(졸독) : 책 읽기를 마침

35

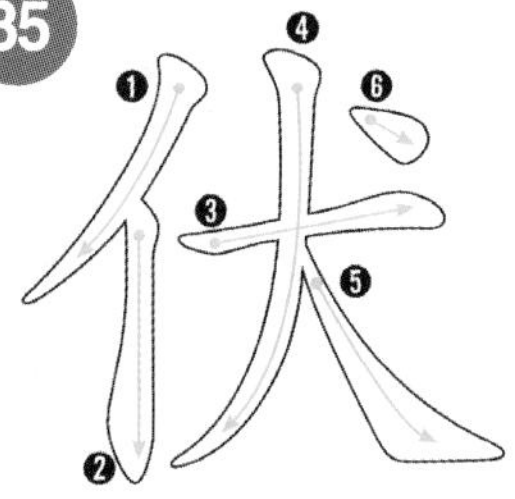

亻	+	犬
사람 인		개 견

엎드릴 복

사람(亻)이 **개**(犬)처럼 엎드리니

伏						

- 伏地(복지) : 땅에 엎드림
- 伏兵(복병) : 적을 갑작스럽게 치려고 적이 지날 만한 길목에 숨어있는 병사

알림 마당

알맞게 연결하세요.

周 •	• 조사할 조
調 •	• 주일 주
週 •	• 두루 주
卒 •	• 엎드릴 복
伏 •	• 마칠 졸

낙서판

36

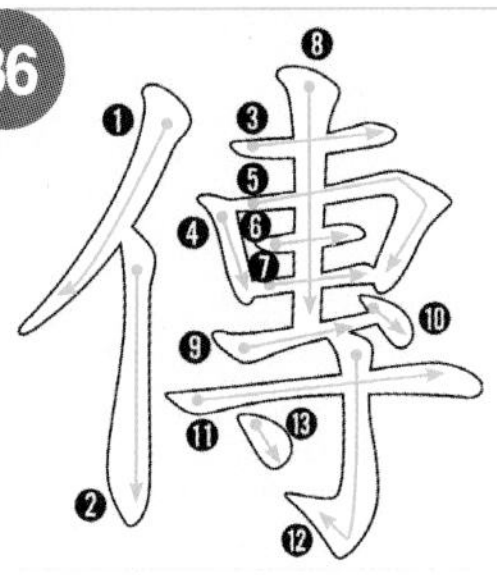

전할 전

亻	+	叀	+	寸
사람 인		차 차		규칙 촌

사람(亻)이 **차**(叀)를 **규칙**(寸)에 따라 전하니

傳						

- 傳言(전언) : 전하여 주는 말
- 傳道(전도) : 도리를 세상에 널리 전함

37

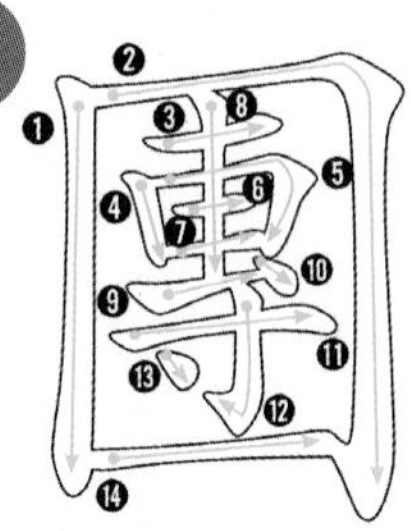

모을 단

口	+	叀	+	寸
울타리 위		차 차		규칙 촌

울타리(口) 안에 **차**(叀)를 **규칙**(寸)에 따라 모으니

*주차장을 생각해 보세요.

團						

- 團合(단합) : 한데 뭉침
- 集團(집단) : 여럿이 모여 이룬 모임

38

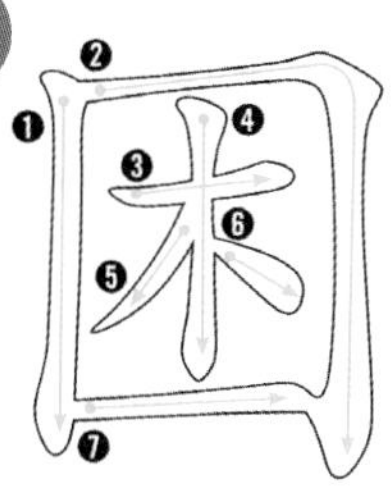

곤란할 곤

口	+	木
울타리 위		나무 목

울타리(口)에 갇혀 **나무**(木)가 자라기 곤란하니

困						

- 勞困(노곤) : 나른하고 고달픔
- 困苦(곤고) : 형편이나 처지 따위가 딱하고 어려움

39

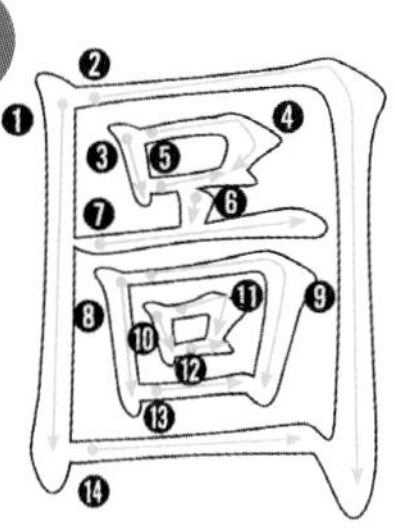

그림 도

口	+	口	+	亠	+	回
울타리 위		입 구		머리 두		돌 회

울타리(口) **입구**(口)를 **머리**(亠)에 갓 쓰고 **돌며**(回) 그리니

*울타리(口) 안에 한글로 '몸'을 쓴다고 생각하세요.

圖						

- 圖上(도상) : 지도나 도면의 위
- 圖書(도서) : 글씨, 그림, 책 등을 통틀어 일컫는 말

40

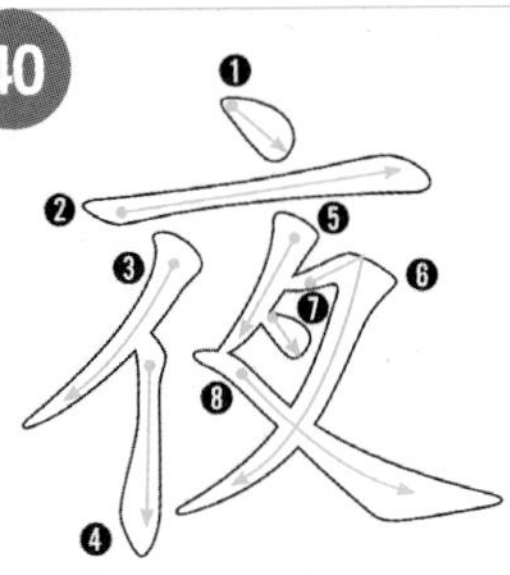

밤 야

亠	+	亻	+	夕	+	㇏
머리 두		사람 인		저녁 석		파임 불

머리(亠)에 갓 쓴 **사람**(亻)들이 **저녁**(夕)이 되어 모임을 **파하는**(㇏) 밤

*머리에 갓 쓰고 놀던 사람들이 밤이 되자 집으로 돌아가려고 모임을 끝낸다는 뜻입니다.

夜						

- 夜間(야간) : 밤사이
- 夜食(야식) : 밤에 음식을 먹음

알림 마당

알맞게 연결하세요.

傳 •	• 모을 단
團 •	• 밤 야
困 •	• 곤란할 곤
圖 •	• 전할 전
夜 •	• 그림 도

口	+	儿	=	四(넉 사)
	+	袁	=	園(동산 원)
	+	人	=	囚(가둘 수)
	+	大	=	因(의지할 인)
	+	韋	=	圍(에워쌀 위)
	+	木	=	困(곤란할 곤)

♣ 한자 밑에 뜻과 음을 쓰고, 옆 (　　)에는 알맞은 부수를 쓰세요.

周
(　　　　　　　　)

성(　　) 안의 땅(　　)을 입(　　)으로 두루 설명하니

調
(　　　　　　　　)

말(　　)을 두루(　　) 고르게 듣고 조사하니

週
(　　　　　　　　)

두루(　　) 뛰어(　　) 도는 데 일주일 걸리니

卒
(　　　　　　　　)

머리(　　)에 갓 쓰고 사람(　　)과 사람(　　)들이 십(　　) 일 만에 군사교육을 마치니

伏
(　　　　　　　　)

사람(　　)이 개(　　)처럼 엎드리니

傳
(　　　　　　　　)

사람(　　)이 차(　　)를 규칙(　　)에 따라 전하니

團
(　　　　　　　　)

울타리(　　) 안에 차(　　)를 규칙(　　)에 따라 모으니

困
(　　　　　　　　)

울타리(　　)에 갇혀 나무(　　)가 자라기 곤란하니

圖
(　　　　　　　　)

울타리(　　) 입구(　　)를 머리(　　)에 갓 쓰고 돌며(　　) 그리니

夜
(　　　　　　　　)

머리(　　)에 갓 쓴 사람(　　)들이 저녁(　　)이 되어 모임을 파하는(㇏) 밤

♣ 숫자 순서대로 부수를 결합하여 한자를 만들고 옆에 뜻과 음을 쓰세요.

① 冂　② 土　③ 口　④ 言　⑤ 周　⑥ 辶　⑦ 卒
⑧ 亻　⑨ 犬

31. ① + ② + ③ =

32. ④ + ⑤ =

33. ⑤ + ⑥ =

34. ⑦ =

35. ⑧ + ⑨ =

① 亻　② 叀　③ 寸　④ 口　⑤ 木　⑥ 圖　⑦ 亠
⑧ 夕　⑨ 乀

36. ① + ② + ③ =

37. ④ + ② + ③ =

38. ④ + ⑤ =

39. ⑥ =

40. ⑦ + ① + ⑧ + ⑨ =

다음 한자어의 독음을 쓰세요.

周知	周圍	調和
調査	週末	週日
卒兵	卒讀	伏地
伏兵	傳言	傳道
團合	集團	勞困
困苦	圖上	圖書
夜間	夜食	

♣ 다음 한자어를 한자로 쓰세요.

두루 주 알 지	두루 주 둘레 위	고를 조 화할 화
조사할 조 조사할 사	주일 주 끝 말	주일 주 날 일
군사 졸 병사 병	마칠 졸 읽을 독	엎드릴 복 땅 지
엎드릴 복 병사 병	전할 전 말씀 언	전할 전 길 도
모을 단 합할 합	모일 집 모을 단	일할 로 곤란할 곤
곤란할 곤 괴로울 고	그림 도 윗 상	그림 도 글 서
밤 야 사이 간	밤 야 먹을 식	

♣ 아래의 빈칸에 한자는 뜻과 음을, 뜻과 음은 한자를 쓰세요.

21~40번 형성평가	臭	息	壯	裝	𠦝
朝	韓	偉	圍	雄	周
調	週	卒	伏	傳	團
困	圖	夜		냄새 취	숨 쉴 식
씩씩할 장	꾸밀 장	해 돋을 간	아침 조	나라 한	위대할 위
에워쌀 위	수컷 웅	두루 주	조사할 조	주일 주	마칠 졸
엎드릴 복	전할 전	모을 단	곤란할 곤	그림 도	밤 야

41

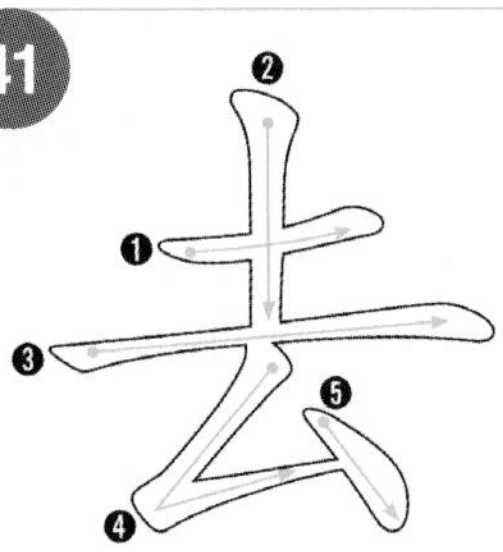

갈
없앨 거

土	+	厶
땅 토		사사로울 사

땅(土)에 **사사로이**(厶) 침범한 적을 가 없애니

去						

- 去年(거년) : 지난해
- 去來(거래) : 주고받음

42

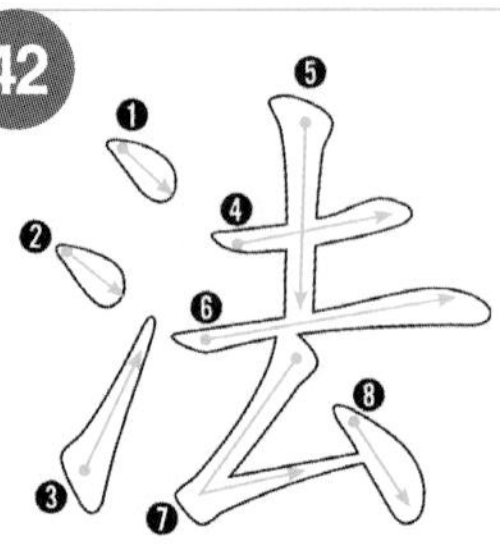

법 법

氵	+	去
물 수		갈 거

물(氵)이 평평하게 **흘러가듯**(去) 공평하게 적용하라는 법

*물이 높고 낮음이 없이 흘러가듯 법도 모두에게 공평하라는 뜻입니다.

法						

- 法定(법정) : 법률로 규정함
- 法學(법학) : 법질서와 법 현상 따위를 연구하는 학문

43

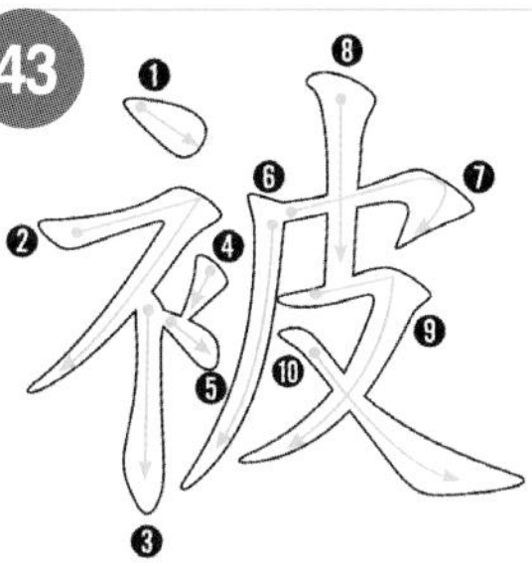

입을 피

衤 + 皮

옷 의 　 가죽 피

옷(衤)을 **가죽**(皮)으로 지어 입으니

被						

- 被服(피복) : 옷
- 被動(피동) : 남의 힘에 의하여 움직이는 일

44

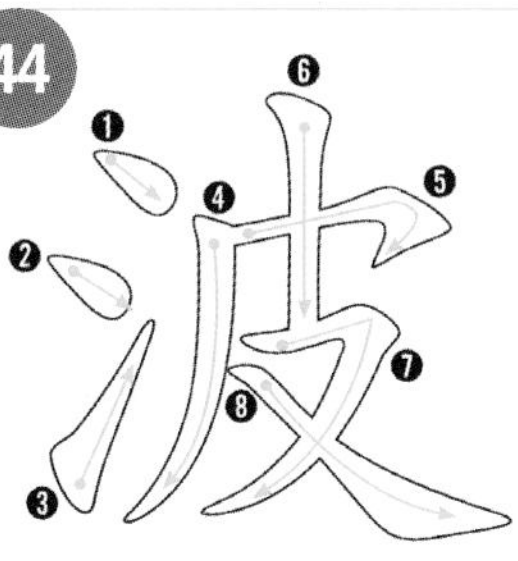

물결 파

氵 + 皮

물 수 　 가죽 피

물(氵)의 **가죽**(皮)에서 이는 물결

波						

- 波高(파고) : 물결의 높이
- 波動(파동) : 물결의 움직임

45

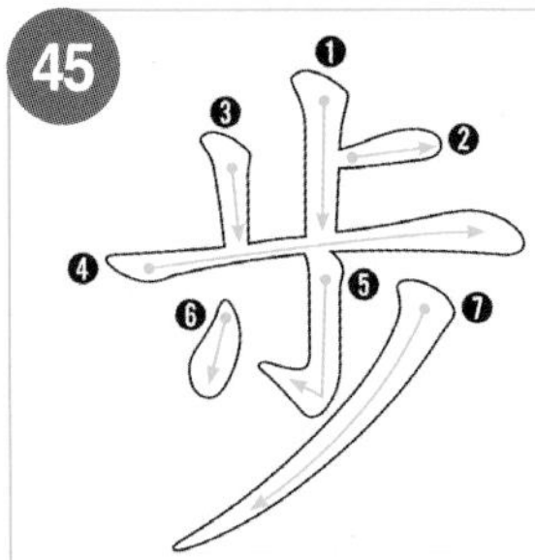

걸음 보

止	+	少
발 지		작을 소

발(止)로 **조금씩**(少) 걸으니

步						

- 步行(보행) : 걸어 다님
- 步道(보도) : 사람이 걸어 다니는 길

알림 마당

알맞게 연결하세요.

去 •	• 걸음 보
法 •	• 물결 파
被 •	• 입을 피
波 •	• 법 법
步 •	• 갈 거

낙서판

46

亠 + 厶 + 儿

머리 두 | 사사로울 사 | 걷는 사람 인

가득할 채울 충

머리(亠)에 **사사로운**(厶) 생각으로 가득 채운 **사람**(儿)

充						

- 充分(충분) : 모자람이 없이 넉넉함
- 充電(충전) : 축전기에 전기 에너지를 축적하는 일

47

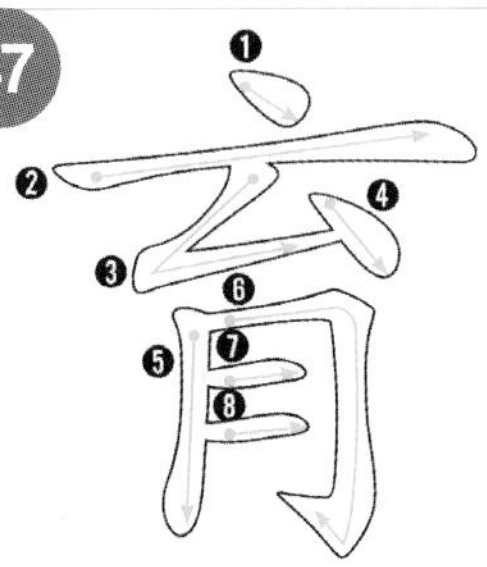

亠 + 厶 + 月

머리 두 | 나 사 | 몸 월

기를 육

머리(亠)부터 발끝까지 **내**(厶) **몸**(月)을 단련하여 기르니

育						

- 生育(생육) : 낳아서 기름
- 教育(교육) : 지식과 기술 따위를 가르치며 인격을 길러 줌

48

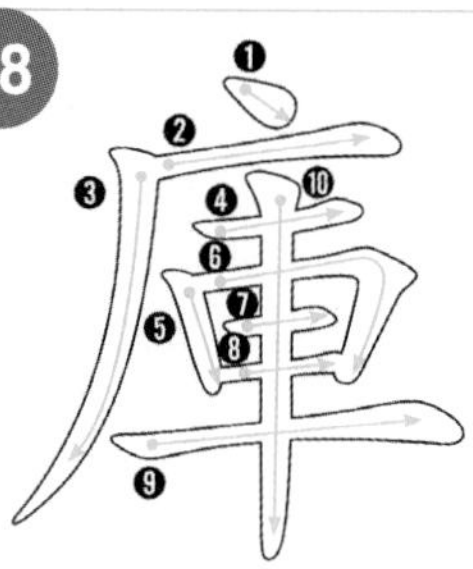

창고 고

广 + 車

큰 집 엄 | 수레 거

큰 집(广)에서 **수레**(車)를 넣어 두는 창고

庫						

- 金庫(금고) : 돈을 넣어 두는 창고
- 文庫(문고) : 책이나 문서를 넣어 두는 창고

49

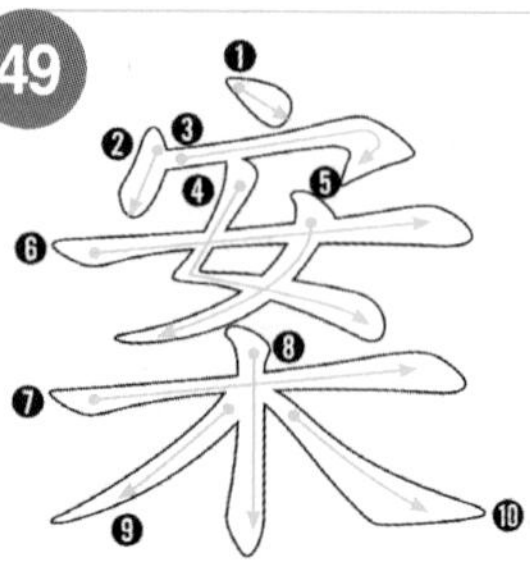

책상 생각할 안

安 + 木

편안할 안 | 나무 목

편안히(安) 책을 볼 수 있도록 **나무**(木)로 만든 책상에서 생각하니

案						

- 案內(안내) : 어떤 내용을 소개하여 알려 줌
- 案件(안건) : 토의하거나 조사하여야 할 사실

50

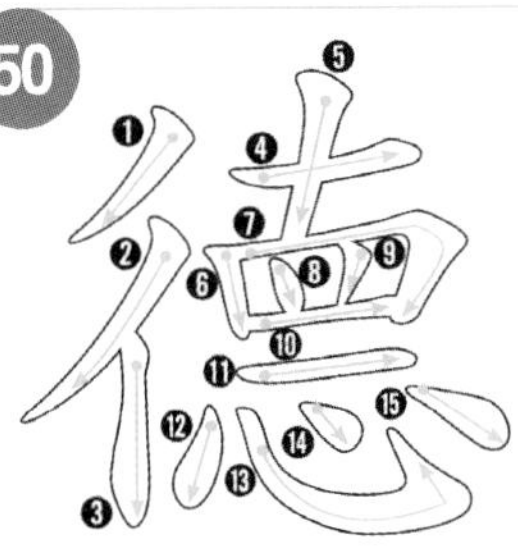

彳	十	罒	一	心
걸을 척	열 십	법망 망	한 일	마음 심

彳 + 十 + 罒 + 一 + 心

덕 덕

걸어가(彳) **열**(十) 개의 **법망**(罒)보다는 **하나**(一)의 덕스러운 **마음**(心)으로 다스리니

*덕 : 남을 넓게 이해하고 받아들이려는 마음이나 행동

德						

- 德行(덕행) : 어질고 너그러운 행실
- 德分(덕분) : 남에게 베풀어 준 은혜나 도움

알림 마당

알맞게 연결하세요.

充 •	• 기를 육
育 •	• 창고 고
庫 •	• 가득할 충
案 •	• 덕 덕
德 •	• 책상 안

낙서판

♣ 한자 밑에 뜻과 음을 쓰고, 옆 (　　)에는 알맞은 부수를 쓰세요.

去 (　　　)
땅(　)에 사사로이(　) 침범한 적을 가 없애니

法 (　　　)
물(　)이 평평하게 흘러가듯(　) 공평하게 적용하라는 법

被 (　　　)
옷(　)을 가죽(　)으로 지어 입으니

波 (　　　)
물(　)의 가죽(　)에서 이는 물결

步 (　　　)
발(　)로 조금씩(　) 걸으니

充 (　　　)
머리(　)에 사사로운(　) 생각으로 가득 채운 사람(　)

育 (　　　)
머리(　)부터 발끝까지 내(　) 몸(　)을 단련하여 기르니

庫 (　　　)
큰 집(　)에서 수레(　)를 넣어 두는 창고

案 (　　　)
편안히(　) 책을 볼 수 있도록 나무(　)로 만든 책상에서 생각하니

德 (　　　)
걸어가(　) 열(　) 개의 법망(　)보다는 하나(　)의 덕스러운 마음(　)으로 다스리니

♣ 숫자 순서대로 부수를 결합하여 한자를 만들고 옆에 뜻과 음을 쓰세요.

① 土 ② 厶 ③ 氵 ④ 去 ⑤ 衤 ⑥ 皮 ⑦ 氵
⑧ 止 ⑨ 少

41. ① + ② =

42. ③ + ④ =

43. ⑤ + ⑥ =

44. ⑦ + ⑥ =

45. ⑧ + ⑨ =

① 亠 ② 厶 ③ 儿 ④ 月 ⑤ 广 ⑥ 車 ⑦ 安
⑧ 木 ⑨ 德

46. ① + ② + ③ =

47. ① + ② + ④ =

48. ⑤ + ⑥ =

49. ⑦ + ⑧ =

50. ⑨ =

다음 한자어의 독음을 쓰세요.

去年	去來	法定
法學	被服	被動
波高	波動	步行
步道	充分	充電
生育	教育	金庫
文庫	案內	案件
德行	德分	

♣ 다음 한자어를 한자로 쓰세요.

갈 거 해 년	갈 거 올 래	법 법 정할 정
법 법 배울 학	입을 피 옷 복	입을 피 움직일 동
물결 파 높을 고	물결 파 움직일 동	걸음 보 다닐 행
걸음 보 길 도	가득할 충 나눌 분	채울 충 전기 전
날 생 기를 육	가르칠 교 기를 육	돈 금 창고 고
글월 문 창고 고	생각할 안 안 내	생각할 안 물건 건
덕 덕 행할 행	덕 덕 나눌 분	

51

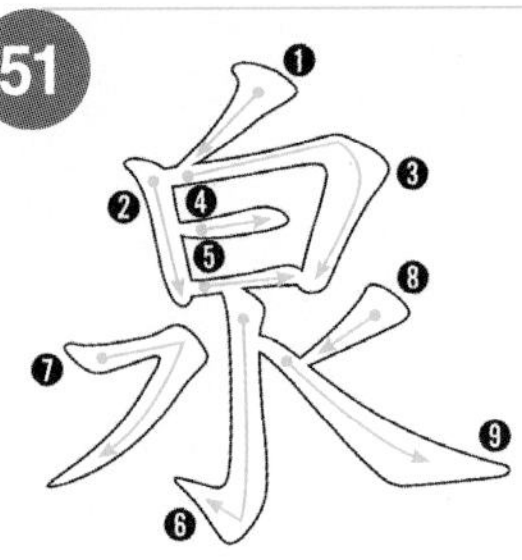

샘 천

白 + 水

흰 백 | 물 수

흰(白) 맑은 **물**(水)이 솟아나는 샘

泉

- 泉水(천수) : 샘물
- 冷泉(냉천) : 물이 찬 샘

52

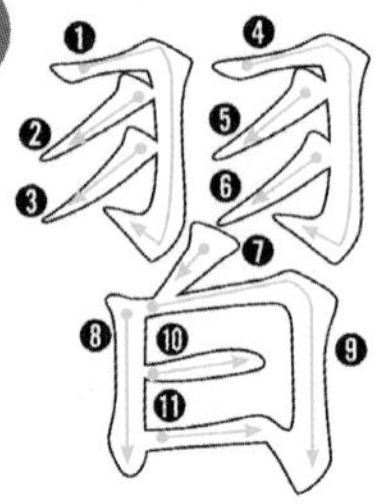

익힐 습

羽 + 白

깃 우 | 흰 백

새가 **깃**(羽) 아래 **흰**(白) 털을 보이며 나는 법을 익히니

習

- 自習(자습) : 스스로 배워 익힘
- 學習(학습) : 지식이나 기술 등을 배워서 익힘

53

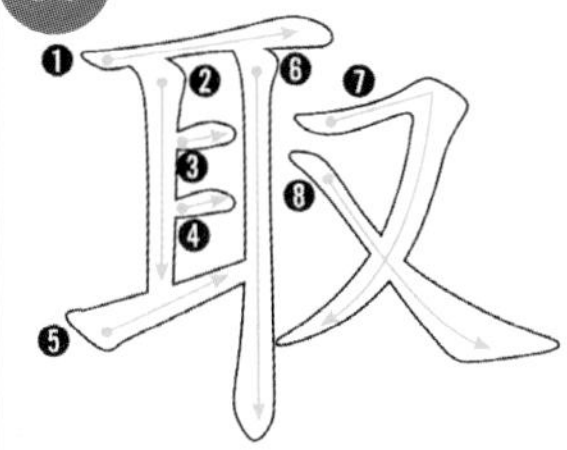

耳 + 又

귀 이 | 또 우

취할 가질 취

귀(耳)를 **또**(又) 취하여 가지니

*옛날에는 전쟁에서 적을 죽이고 귀나 코를 잘라 가졌다고 합니다.

取

- 取食(취식) : 밥을 먹음
- 取水(취수) : 강이나 저수지에서 필요한 물을 끌어옴

54

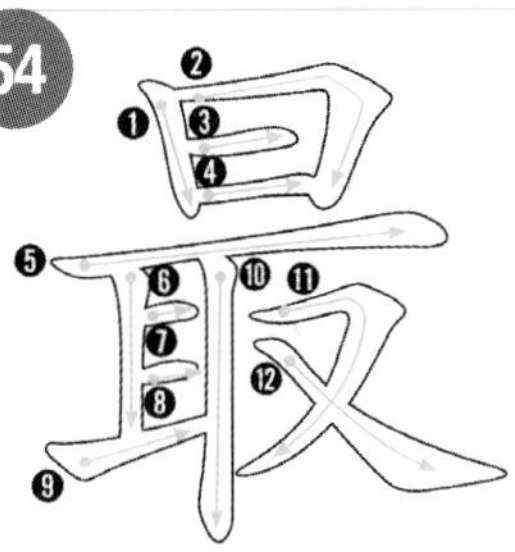

曰 + 耳 + 又

말할 왈 | 귀 이 | 또 우

가장 최

말(曰)을 **귀**(耳)로 **또**(又) 들어 보는 것이 가장 좋으니

*무슨 일이든지 말을 들어 보고 하는 것이 가장 좋다는 뜻입니다.

最

- 最高(최고) : 가장 높음
- 最新(최신) : 가장 새로움

55

切

모두 체
끊을 절

七	+	刀
일곱 칠		칼 도

일곱(七) 개를 **칼**(刀)로 모두 끊으니

切						

- 一切(일체) : 모두
- 品切(품절) : 물건이 다 팔리고 없음

알림 마당

알맞게 연결하세요.

泉 •	• 샘 천
習 •	• 가질 취
取 •	• 가장 최
最 •	• 익힐 습
切 •	• 끊을 절

낙서판

56

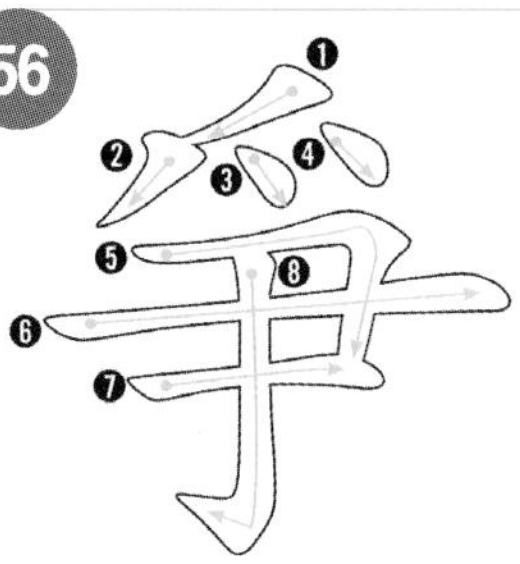

다툴 쟁

爫	彐	亅
손톱 조	손 우	갈고리 궐

爫 + 彐 + 亅

손톱(爫)으로 할퀴고 **손**(彐)에 **갈고리**(亅)를 들고 다투니

爭						

- 言爭(언쟁) : 말다툼
- 爭取(쟁취) : 다투어 빼앗아 가짐

57

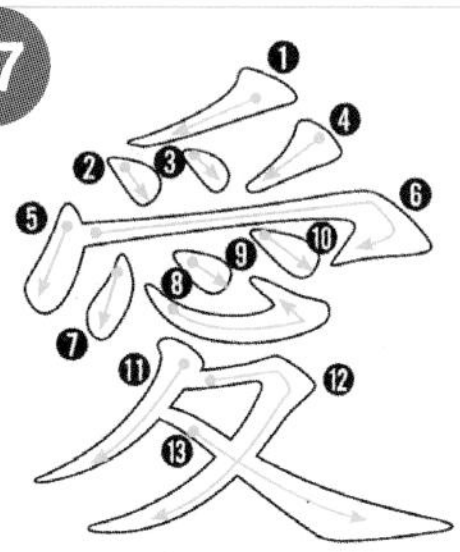

사랑 애
즐길

爫	冖	心	夂
손톱 조	덮을 멱	마음 심	천천히 걸을 쇠

爫 + 冖 + 心 + 夂

손(爫)을 **덮어**(冖) 잡으니 **마음**(心)에서 **천천히**(夂) 일어나는 사랑

愛						

- 愛人(애인) : 남을 사랑함
- 愛用(애용) : 좋아하여 즐겨 씀

58

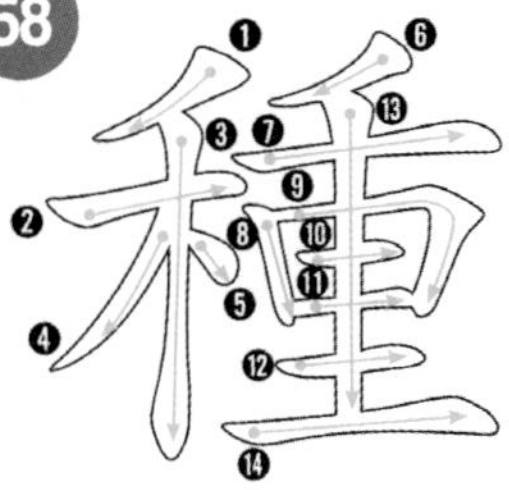

씨 종

禾	+	重
벼 화		중요할 중

벼(禾)는 **중요한**(重) 씨이니

*곡식 중에서 벼는 중요한 씨라는 뜻입니다.

種

- 種子(종자) : 씨
- 品種(품종) : 물품의 종류

59

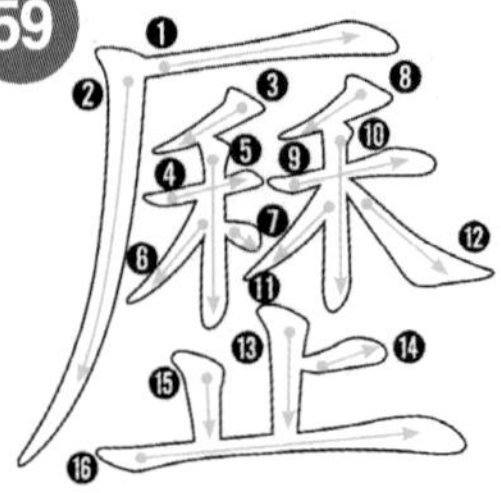

지낼 력

厂	+	禾	+	禾	+	止
바위 엄		벼 화		벼 화		그칠 지

바위(厂) 밑에 **벼**(禾)와 **벼**(禾)를 저장하고 **그쳐**(止) 겨울을 지내니

*봄에 씨 뿌리고, 여름에 기르고, 가을에는 벼를 수확하여 바위 밑에 저장해 두고 일이 없는 겨울을 지낸다는 뜻입니다.

歷

- 來歷(내력) : 지금까지 지내 온 경력
- 歷史(역사) : 어떠한 사물이나 사실이 존재해 온 과정

60

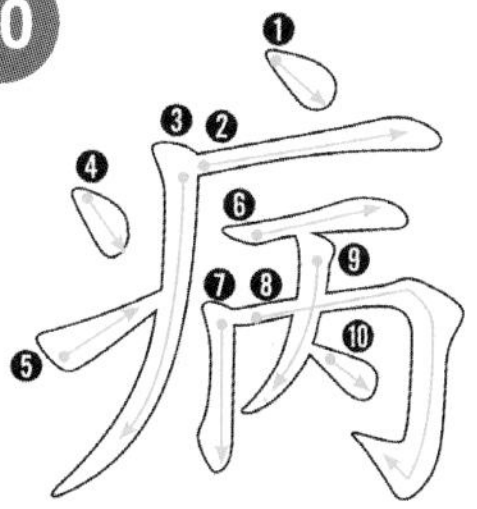

병 병

疒	+	一	+	冂	+	人
병질 엄		한 일		성 경		사람 인

병(疒)들면 **하나**(一)같이 **성**(冂) 안에서 **사람**(人)에게 치료받는 병

病						

- 病苦(병고) : 병으로 인한 고통
- 病室(병실) : 병을 치료하기 위하여 환자가 거처하는 방

알림 마당

알맞게 연결하세요.

爭 •	• 사랑 애
愛 •	• 씨 종
種 •	• 지낼 력
歷 •	• 병 병
病 •	• 다툴 쟁

禾	+	火	=	秋(가을 추)
	+	刂	=	利(이로울 리)
	+	斗	=	科(과목 과)
	+	口	=	和(화할 화)
	+	責	=	積(쌓을 적)
	+	重	=	種(씨 종)

♣ 한자 밑에 뜻과 음을 쓰고, 옆 (　　)에는 알맞은 부수를 쓰세요.

泉
(　　　　　　　　)
흰(　　) 맑은 물(　　)이 솟아나는 샘

習
(　　　　　　　　)
새가 깃(　　) 아래 흰(　　) 털을 보이며 나는 법을 익히니

取
(　　　　　　　　)
귀(　　)를 또(　　) 취하여 가지니

最
(　　　　　　　　)
말(　　)을 귀(　　)로 또(　　) 들어 보는 것이 가장 좋으니

切
(　　　　　　　　)
일곱(　　) 개를 칼(　　)로 모두 끊으니

爭
(　　　　　　　　)
손톱(　　)으로 할퀴고 손(　　)에 갈고리(　　)를 들고 다투니

愛
(　　　　　　　　)
손(　　)을 덮어(　　) 잡으니 마음(　　)에서 천천히(　　) 일어나는 사랑

種
(　　　　　　　　)
벼(　　)는 중요한(　　) 씨이니

歷
(　　　　　　　　)
바위(　　) 밑에 벼(　　)와 벼(　　)를 저장하고 그쳐(　　) 겨울을 지내니

病
(　　　　　　　　)
병(　　)들면 하나(　　)같이 성(　　) 안에서 사람(　　)에게 치료받는 병

♣ 숫자 순서대로 부수를 결합하여 한자를 만들고 옆에 뜻과 음을 쓰세요.

① 白 ② 水 ③ 羽 ④ 耳 ⑤ 又 ⑥ 日 ⑦ 七 ⑧ 刀

51. ① + ② =

52. ③ + ① =

53. ④ + ⑤ =

54. ⑥ + ④ + ⑤ =

55. ⑦ + ⑧ =

① 爫 ② 彐 ③ 亅 ④ 冖 ⑤ 心 ⑥ 夊 ⑦ 禾
⑧ 重 ⑨ 歷 ⑩ 疒 ⑪ 丙

56. ① + ② + ③ =

57. ① + ④ + ⑤ + ⑥ =

58. ⑦ + ⑧ =

59. ⑨ =

60. ⑩ + ⑪ =

♣ 다음 한자어의 독음을 쓰세요.

泉 水　　冷 泉　　自 習

學 習　　取 食　　取 水

最 高　　最 新　　一 切

品 切　　言 爭　　爭 取

愛 人　　愛 用　　種 子

品 種　　來 歷　　歷 史

病 苦　　病 室

♣ 다음 한자어를 한자로 쓰세요.

샘 천 　 물 수	찰 랭 　 샘 천	스스로 자 　 익힐 습
배울 학 　 익힐 습	취할 취 　 밥 식	취할 취 　 물 수
가장 최 　 높을 고	가장 최 　 새 신	한 일 　 모두 체
물건 품 　 끊을 절	말씀 언 　 다툴 쟁	다툴 쟁 　 가질 취
사랑 애 　 사람 인	즐길 애 　 쓸 용	씨 종 　 아들 자
물건 품 　 씨 종	올 래 　 지낼 력	지낼 력 　 역사 사
병 병 　 괴로울 고	병 병 　 방 실	

♣ 아래의 빈칸에 한자는 뜻과 음을, 뜻과 음은 한자를 쓰세요.

41~60번 형성평가

	去	法	被	波	步
充	育	庫	案	德	泉
習	取	最	切	爭	愛
種	歷	病		갈 거	법 법
입을 피	물결 파	걸음 보	가득할 충	기를 육	창고 고
책상 안	덕 덕	샘 천	익힐 습	가질 취	가장 최
끊을 절	다툴 쟁	사랑 애	씨 종	지낼 력	병 병

61

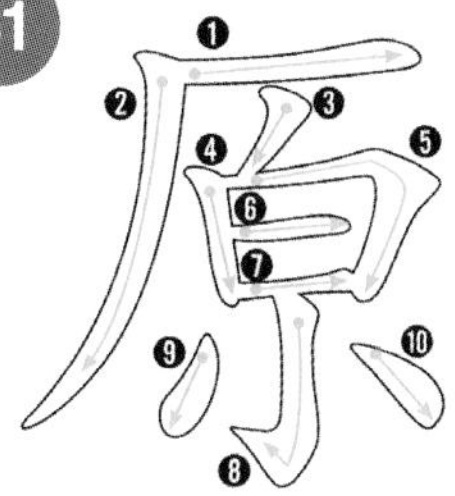

厂	+	白	+	小
바위 엄		흰 백		작을 소

바위(厂) 밑의 **희고**(白) **작은**(小) 들판

들판 원

原

- 高原(고원) : 높은 들판
- 草原(초원) : 풀이 난 들판

62

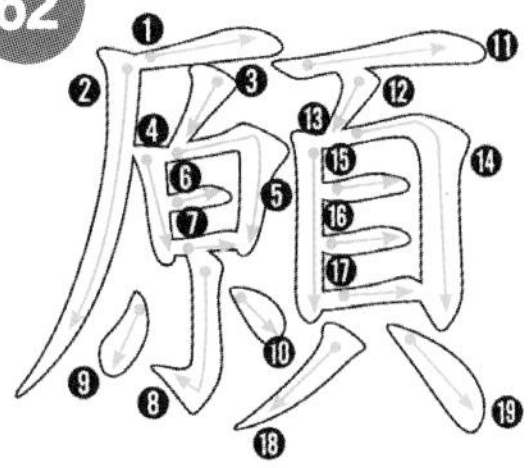

原	+	頁
들판 원		머리 혈

들판(原)에서 **머리**(頁)를 숙이고 원하니

*들판에서 머리를 숙이고 제사 지내며 소원이 이루어지기를 원한다는 뜻입니다.

원할 원

願

- 所願(소원) : 바라고 원함
- 願書(원서) : 지원하거나 청원하는 내용을 적은 서류

63

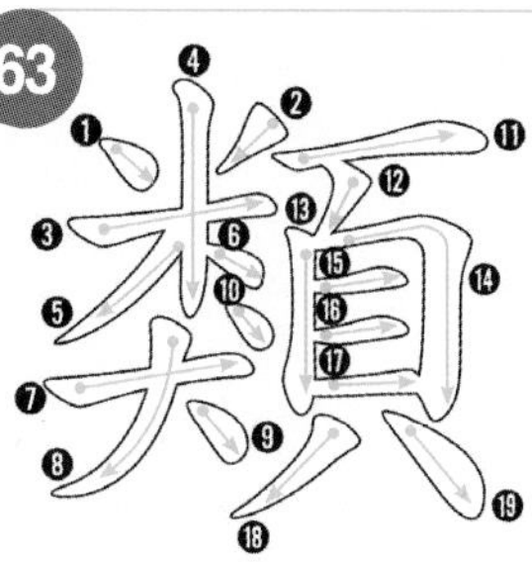

米 + 犬 + 頁

쌀 미 | 개 견 | 머리 혈

무리
비슷할 류

쌀(米)알처럼 **개**(犬)의 **머리**(頁)가 무리를 지어 비슷하니

類

- 魚類(어류) : 물고기 무리
- 肉類(육류) : 먹을 수 있는 짐승의 고기 종류

64

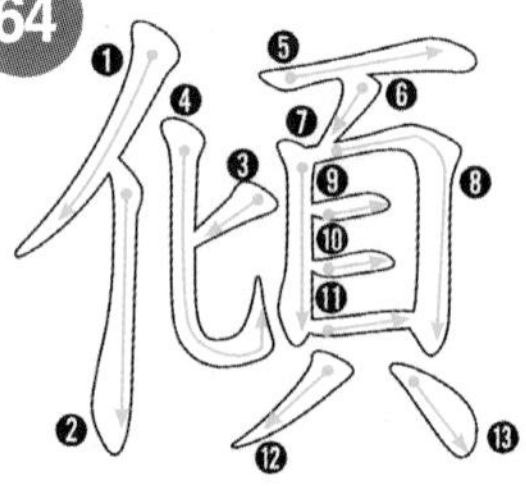

亻 + 匕 + 頁

사람 인 | 구부릴 비 | 머리 혈

기울 경

사람(亻)이 **구부려**(匕) **머리**(頁)를 기울이니

傾

- 傾度(경도) : 기울어진 정도
- 傾國(경국) : 나라의 힘을 다 기울임

65

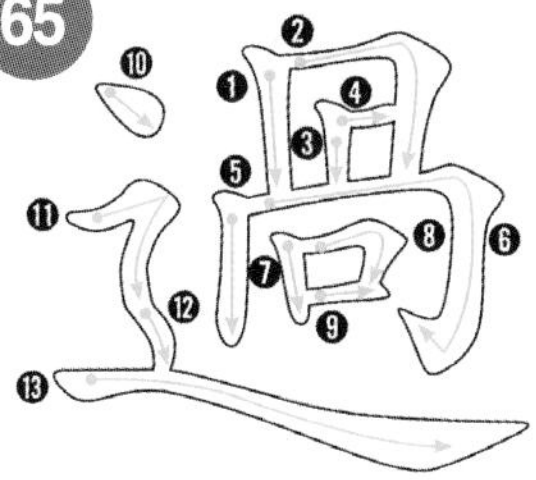

지날 과

冂	+	卜	+	冂	+	口	+	辶
성 경		점칠 복		성 경		입 구		뛸 착

성(冂)의 일을 **점치고**(卜) **성**(冂)에 **입**(口)으로 알리려고 **뛰어**(辶) 지나가니

*성의 운명을 점치고 성에 알리려고 뛰어서 간다는 뜻입니다.

過						

- 過去(과거) : 지나간 때
- 通過(통과) : 통하여 지나감

알림 마당

알맞게 연결하세요.

原 • • 원할 원

願 • • 무리 류

類 • • 들판 원

傾 • • 지날 과

過 • • 기울 경

令	+	頁	=	領(거느릴 령)
川	+		=	順(순할 순)
是	+		=	題(문제 제)
豆	+		=	頭(머리 두)
原	+		=	願(원할 원)

66

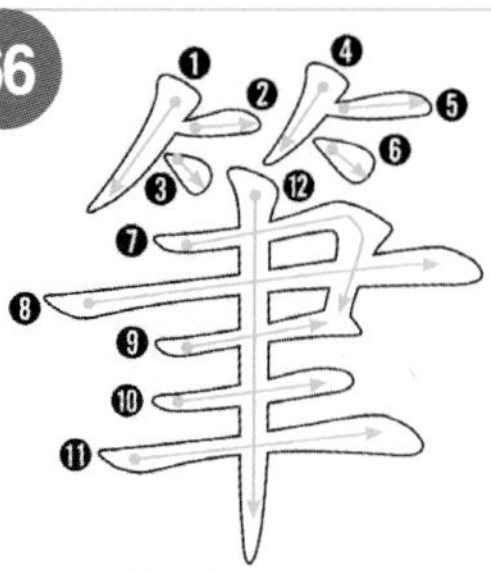

筆

붓
글씨 필
씀

竹	+	聿
대 죽		붓 율

대(⺮)로 붓(聿)을 만들어 글씨를 쓰니

*대나무 자루에 털을 달아 붓을 만들어 글씨를 쓰죠?

筆						

- 筆記(필기) : 글씨를 씀
- 筆順(필순) : 글씨를 쓰는 순서

67

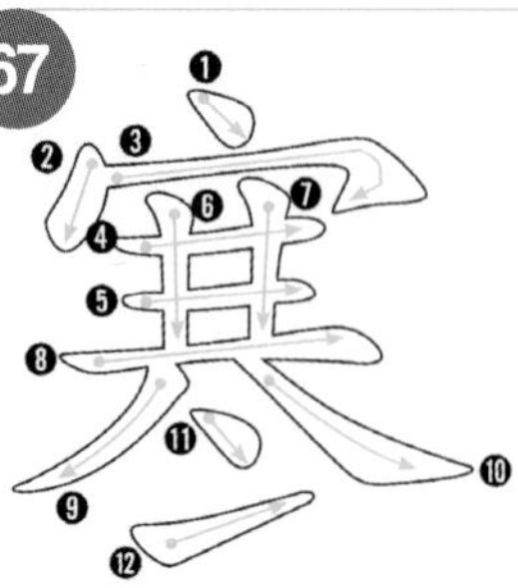

寒

찰 한

宀	+	井	+	一	+	八	+	冫
집 면		우물 정		한 일		여덟 팔		얼음 빙

집(宀)의 **우물**(井)이 **한결**(一)같이 **팔**(八) 도로 **얼음**(冫)처럼 차니

寒						

- 寒氣(한기) : 차가운 기운
- 寒冷(한랭) : 춥고 차가움

68

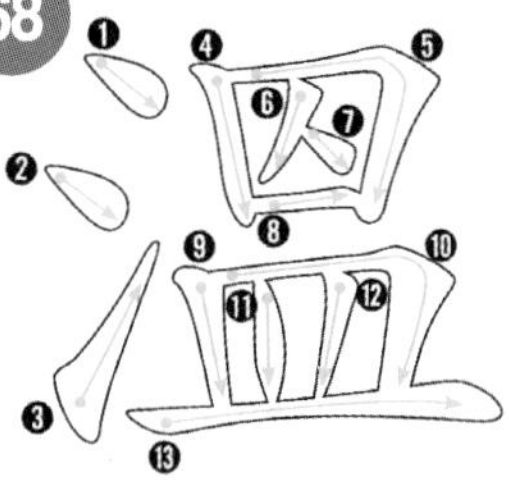

따뜻할 온

氵	+	囚	+	皿
물 수		죄인 수		그릇 명

물(氵)을 **죄인**(囚)에게도 **그릇**(皿)에 떠주는 마음이 따뜻하니

溫						

- 溫水(온수) : 따뜻한 물
- 溫泉(온천) : 따뜻한 물이 솟아나는 샘

69

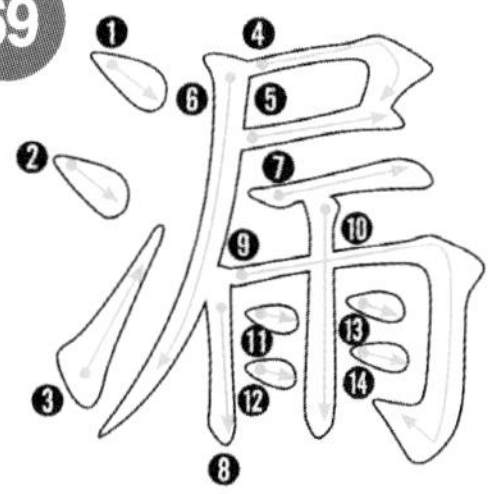

샐 루

氵	+	尸	+	雨
물 수		지붕 시		비 우

물(氵)처럼 **지붕**(尸)에서 **비**(雨)가 새니

漏						

- 漏水(누수) : 물이 샘
- 漏電(누전) : 전기가 전깃줄 밖으로 새어 흐름

70

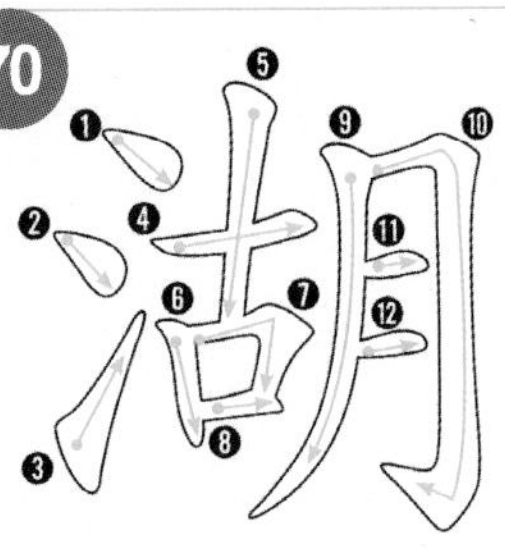

氵	+	古	+	月
물 수		오랠 고		세월 월

호수 호

물(氵)이 **오랜**(古) **세월**(月) 모여서 이루어진 호수

湖						

- 湖風(호풍) : 호수에서 부는 바람
- 湖水(호수) : 땅이 우묵하게 들어가 물이 괴어 있는 곳

알림 마당

알맞게 연결하세요.

筆 •	• 붓 필
寒 •	• 찰 한
溫 •	• 따뜻할 온
漏 •	• 샐 루
湖 •	• 호수 호

⺮	+	寺	=	等(무리 등)
	+	聿	=	筆(붓 필)

♣ 한자 밑에 뜻과 음을 쓰고, 옆 (　　)에는 알맞은 부수를 쓰세요.

原
(　　　　　　)
바위(　　) 밑의 희고(　　) 작은(　　) 들판

願
(　　　　　　)
들판(　　)에서 머리(　　)를 숙이고 원하니

類
(　　　　　　)
쌀(　　)알처럼 개(　　)의 머리(　　)가 무리를 지어 비슷하니

傾
(　　　　　　)
사람(　　)이 구부려(　　) 머리(　　)를 기울이니

過
(　　　　　　)
성(　　)의 일을 점치고(　　) 성(　　)에 입(　　)으로 알리려고 뛰어(　　) 지나가니

筆
(　　　　　　)
대(　　)로 붓(　　)을 만들어 글씨를 쓰니

寒
(　　　　　　)
집(　　)의 우물(　　)이 한결(　　)같이 팔(　　) 도로 얼음(　　)처럼 차니

溫
(　　　　　　)
물(　　)을 죄인(　　)에게도 그릇(　　)에 떠주는 마음이 따뜻하니

漏
(　　　　　　)
물(　　)처럼 지붕(　　)에서 비(　　)가 새니

湖
(　　　　　　)
물(　　)이 오랜(　　) 세월(　　) 모여서 이루어진 호수

♣ 숫자 순서대로 부수를 결합하여 한자를 만들고 옆에 뜻과 음을 쓰세요.

① 原 ② 頁 ③ 米 ④ 犬 ⑤ 亻 ⑥ 匕 ⑦ 咼 ⑧ 辶

61. ① =

62. ① + ② =

63. ③ + ④ + ② =

64. ⑤ + ⑥ + ② =

65. ⑦ + ⑧ =

① ⺮ ② 聿 ③ 宀 ④ 井 ⑤ 一 ⑥ 八 ⑦ 冫
⑧ 氵 ⑨ 囚 ⑩ 皿 ⑪ 尸 ⑫ 雨 ⑬ 古 ⑭ 月

66. ① + ② =

67. ③ + ④ + ⑤ + ⑥ + ⑦ =

68. ⑧ + ⑨ + ⑩ =

69. ⑧ + ⑪ + ⑫ =

70. ⑧ + ⑬ + ⑭ =

다음 한자어의 독음을 쓰세요.

高原	草原	所願
願書	魚類	肉類
傾度	傾國	過去
通過	筆記	筆順
寒氣	寒冷	溫水
溫泉	漏水	漏電
湖風	湖水	

♣ 다음 한자어를 한자로 쓰세요.

높을 고 들판 원

풀 초 들판 원

바 소 원할 원

원할 원 글 서

물고기 어 무리 류

고기 육 무리 류

기울 경 법도 도

기울 경 나라 국

지날 과 갈 거

통할 통 지날 과

글씨 필 기록할 기

쓸 필 차례 순

찰 한 기운 기

찰 한 찰 랭

따뜻할 온 물 수

따뜻할 온 샘 천

샐 루 물 수

샐 루 전기 전

호수 호 바람 풍

호수 호 물 수

71

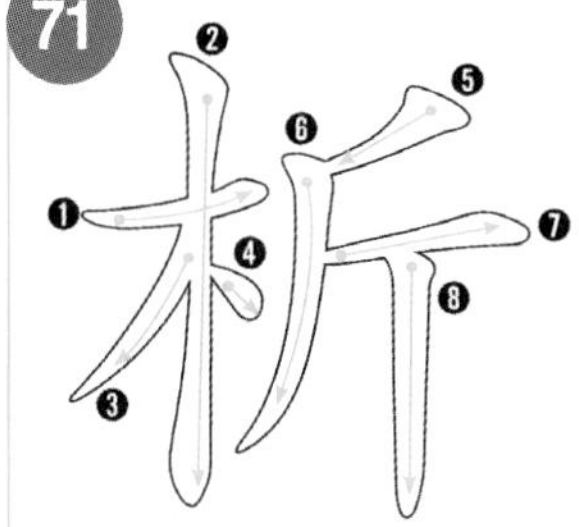

쪼갤 석

木	+	斤
나무 목		도끼 근

나무(木)를 **도끼**(斤)로 쪼개니

析						

- 析出(석출) : 화합물을 분석하여 어떤 물질을 분리해 내는 일
- 分析(분석) : 복잡한 것을 풀어서 개별적인 요소나 성질로 나눔

72

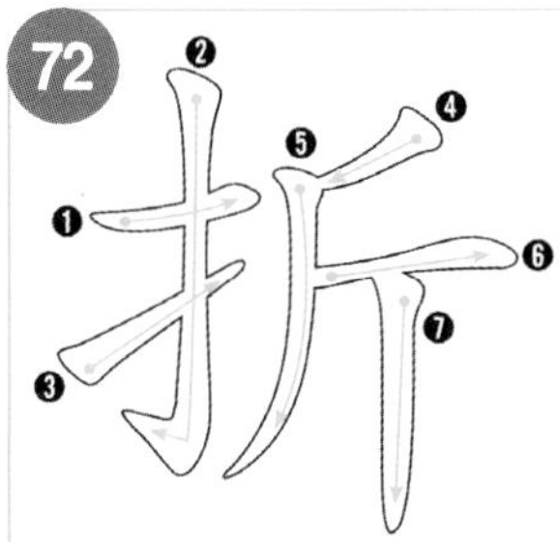

꺾을 절

扌	+	斤
손 수		도끼 근

손(扌)에 **도끼**(斤)를 들고 쳐 꺾으니

折						

- 骨折(골절) : 뼈가 부러짐
- 折木(절목) : 나무를 꺾음

73

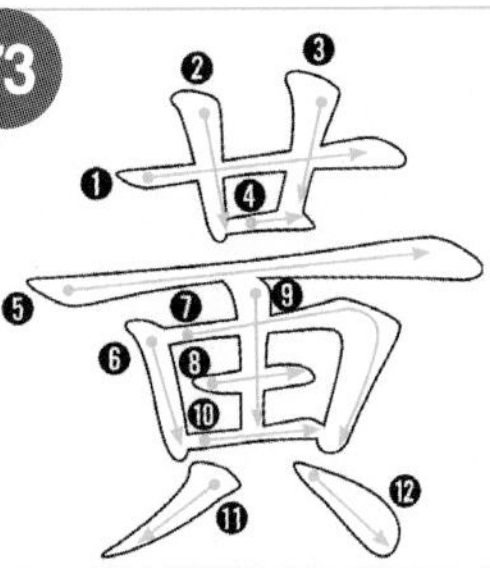

누를 황

艹		一		一		由		八
풀 초	+	한 일	+	한 일	+	말미암을 유	+	여덟 팔

풀(艹)이 **하나**(一)같이 **일**(一) 년이 지남으로 **말미암아**(由) **팔**(八)방이 누르니

*풀은 봄에 나서 가을에 누렇게 말라 죽죠?

黃						

- 黃色(황색) : 누런 빛깔
- 黃金(황금) : 누런 빛깔의 금

74

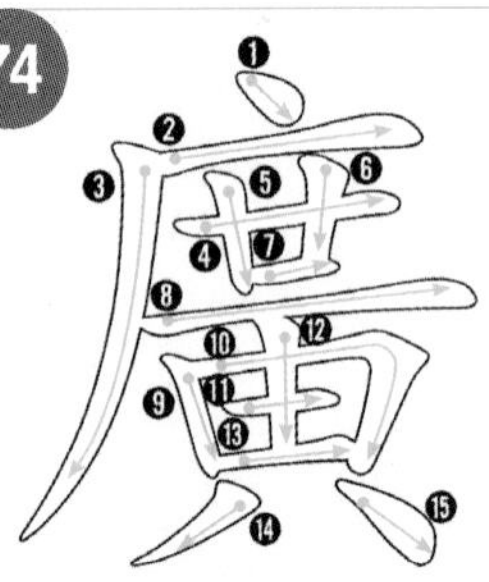

넓을 광

广		黃
큰 집 엄	+	누를 황

큰 집(广)을 지을 정도로 **누런**(黃) 땅이 넓으니

廣						

- 廣場(광장) : 넓은 마당
- 廣告(광고) : 널리 알림

75

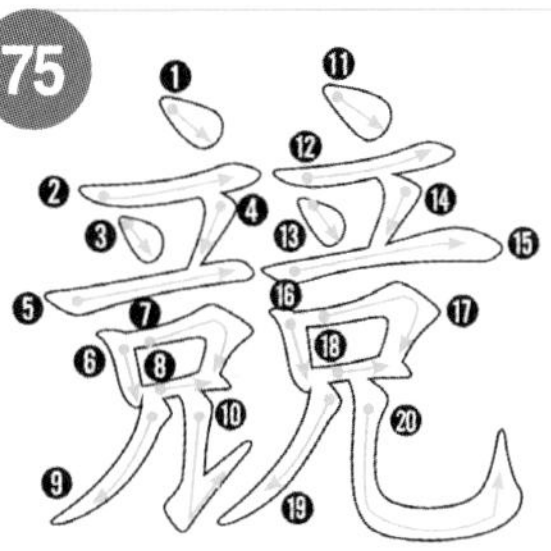

立	+	兄	+	立	+	兄
설 립		형 형		설 립		형 형

서(立) **형**(兄) 둘이 다투니

*형 둘이 마주 서서 다툰다는 뜻입니다.

다툴 경

競						

- 競爭(경쟁) : 같은 목적에 대하여 이기거나 앞서려고 서로 겨룸
- 競賣(경매) : 물건을 사려는 사람이 여럿일 때 값을 가장 높이 부르는 사람에게 파는 일

알림 마당

알맞게 연결하세요.

析 •	• 누를 황
折 •	• 쪼갤 석
黃 •	• 꺾을 절
廣 •	• 다툴 경
競 •	• 넓을 광

낙서판

76

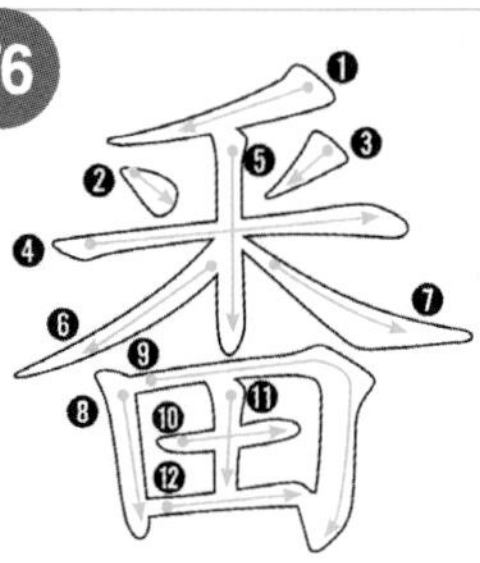

차례 번

采	+	田
분별할 변		밭 전

분별하여(采) **밭**(田)에 있는 곡식을 차례로 거두니

*밭에 있는 곡식을 분별하여 익은 것부터 차례대로 거둔다는 뜻입니다.

番

- 順番(순번) : 차례대로 매겨지는 번호
- 番地(번지) : 땅을 일정한 기준에 따라 나누어서 매겨 놓은 번호

77

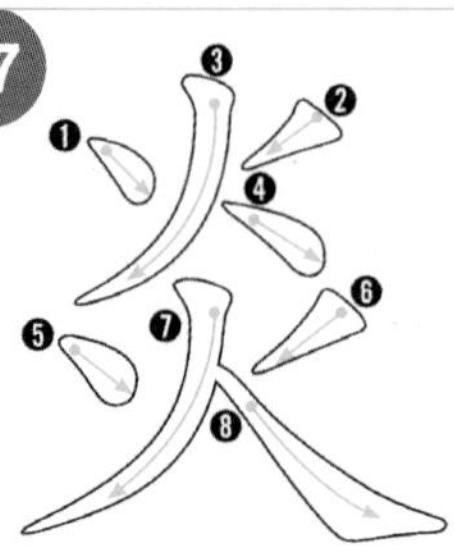

불꽃 더울 염

火	+	火
불 화		불 화

불(火)과 **불**(火)이 겹쳐 타오르는 불꽃

炎

- 炎天(염천) : 몹시 더운 날씨
- 炎陽(염양) : 몹시 뜨겁게 내리쬐는 햇볕

78

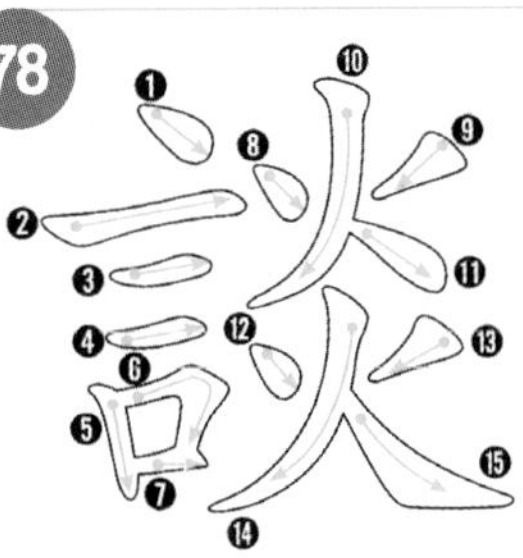

말씀 담

言 + 炎

言	炎
밀씀 언	불꽃 염

말(言)을 **불꽃**(炎)처럼 따뜻하게 말씀하니

談						

- 面談(면담) : 서로 만나서 이야기함
- 相談(상담) : 문제를 해결하거나 궁금증을 풀기 위하여 서로 의논함

79

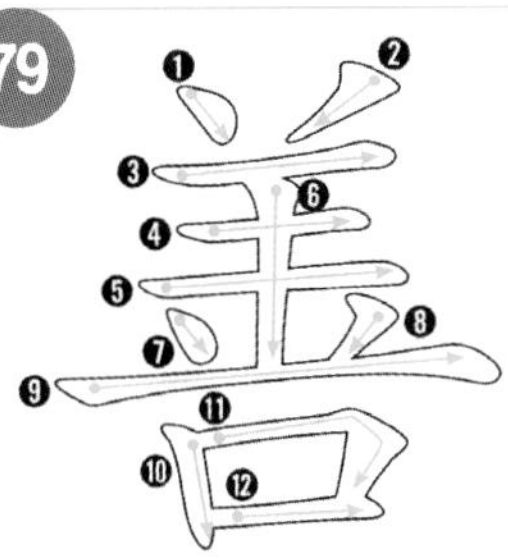

착할 좋을 선

羊 + 丷 + 一 + 口

羊	丷	一	口
양 양	여덟 팔	한 일	입 구

순한 **양**(羊)처럼 **팔**(丷)방에서 **하나**(一)같이 **입**(口)으로 착하고 좋게 말하니

善						

- 善人(선인) : 착한 사람
- 善良(선량) : 착하고 어짊

80

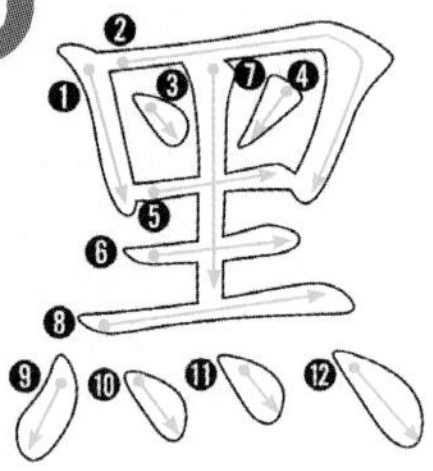

검을 흑

ロ	+	ソ	+	土	+	灬
울타리 위		여덟 팔		땅 토		불 화

울타리(ロ)가 **팔**(ソ)방으로 **땅**(土)에서 **불**(灬)을 때니 그을려 검다.

黑						

- 黑色(흑색) : 검은빛
- 黑白(흑백) : 검은빛과 흰빛

알림 마당

알맞게 연결하세요.

番 •	• 착할 선
炎 •	• 불꽃 염
談 •	• 차례 번
善 •	• 말씀 담
黑 •	• 검을 흑

言	+	志	=	誌(기록할 지)
	+	賣	=	讀(읽을 독)
	+	方	=	訪(찾을 방)
	+	周	=	調(조사할 조)
	+	炎	=	談(말씀 담)

♣ 한자 밑에 뜻과 음을 쓰고, 옆 (　　)에는 알맞은 부수를 쓰세요.

析
(　　　　　　)

나무(　　)를 **도끼**(　　)로 쪼개니

折
(　　　　　　)

손(　　)에 **도끼**(　　)를 들고 쳐 꺾으니

黃
(　　　　　　)

풀(　　)이 **하나**(　　)같이 **일**(　　) 년이 지남으로 **말미암아**(　　)
팔(　　)방이 누르니

廣
(　　　　　　)

큰 집(　　)을 지을 정도로 **누런**(　　) 땅이 넓으니

競
(　　　　　　)

서(　　) **형**(　　) 둘이 다투니

番
(　　　　　　)

분별하여(　　) **밭**(　　)에 있는 곡식을 차례로 거두니

炎
(　　　　　　)

불(　　)과 **불**(　　)이 겹쳐 타오르는 불꽃

談
(　　　　　　)

말(　　)을 **불꽃**(　　)처럼 따뜻하게 말씀하니

善
(　　　　　　)

순한 **양**(　　)처럼 **팔**(　　)방에서 **하나**(　　)같이 **입**(　　)으로
착하고 좋게 말하니

黑
(　　　　　　)

울타리(　　)가 **팔**(　　)방으로 **땅**(　　)에서 **불**(　　)을 때니 그을려
검다.

♣ 숫자 순서대로 부수를 결합하여 한자를 만들고 옆에 뜻과 음을 쓰세요.

① 木 ② 斤 ③ 扌 ④ 黃 ⑤ 广 ⑥ 立 ⑦ 兄

71. ① + ② =

72. ③ + ② =

73. ④ =

74. ⑤ + ④ =

75. ⑥ + ⑦ + ⑥ + ⑦ =

① 采 ② 田 ③ 炎 ④ 言 ⑤ 羊 ⑥ 丷 ⑦ 一
⑧ 口 ⑨ 黑

76. ① + ② =

77. ③ =

78. ④ + ③ =

79. ⑤ + ⑥ + ⑦ + ⑧ =

80. ⑨ =

다음 한자어의 독음을 쓰세요.

析出 分析 骨折

折木 黃色 黃金

廣場 廣告 競爭

競賣 順番 番地

炎天 炎陽 面談

相談 善人 善良

黑色 黑白

다음 한자어를 한자로 쓰세요.

쪼갤 석 날 출

나눌 분 쪼갤 석

뼈 골 꺾을 절

꺾을 절 나무 목

누를 황 빛 색

누를 황 금 금

넓을 광 마당 장

넓을 광 알릴 고

다툴 경 다툴 쟁

다툴 경 팔 매

차례 순 차례 번

차례 번 땅 지

더울 염 하늘 천

더울 염 볕 양

얼굴 면 말씀 담

서로 상 말씀 담

착할 선 사람 인

착할 선 어질 량

검을 흑 빛 색

검을 흑 흰 백

♣ 아래의 빈칸에 한자는 뜻과 음을, 뜻과 음은 한자를 쓰세요.

61~80번
형성평가

	原	願	類	傾	過
筆	寒	溫	漏	湖	析
折	黃	廣	競	番	炎
談	善	黑		들판 원	원할 원
무리 류	기울 경	지날 과	붓 필	찰 한	따뜻할 온
샐 루	호수 호	쪼갤 석	꺾을 절	누를 황	넓을 광
다툴 경	차례 번	불꽃 염	말씀 담	착할 선	검을 흑

81

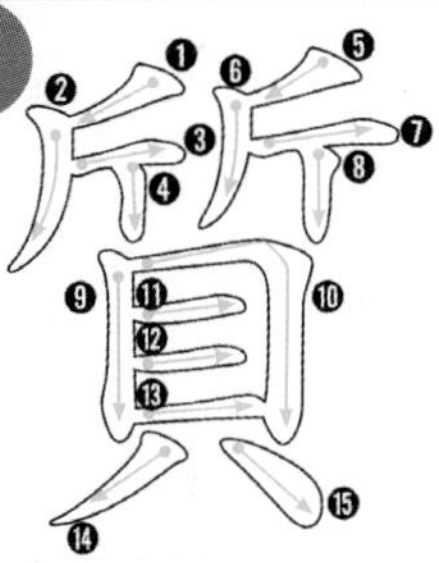

품질 바탕 질

斤	+	斤	+	貝
도끼 근		도끼 근		돈 패

도끼(斤)와 **도끼**(斤)를 들고 비교하며 **돈**(貝) 주고 사려고 품질을 따지니

質						

- 品質(품질) : 물건의 성질과 바탕
- 性質(성질) : 사물이나 현상이 가지고 있는 고유의 특성

82

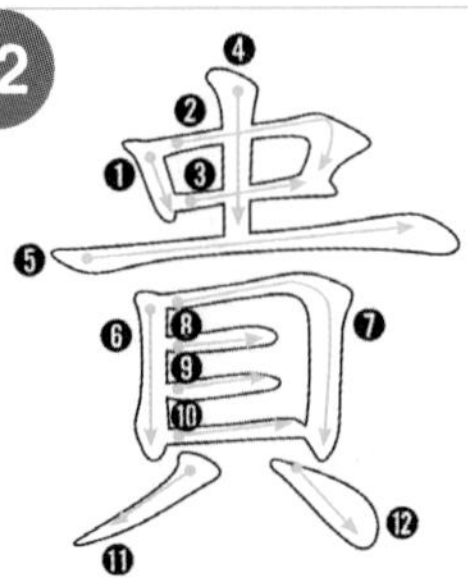

귀할 귀

中	+	一	+	貝
가운데 중		한 일		조개 패

가운데(中) 있는 **하나**(一)의 **조개**(貝)가 귀하니

貴						

- 貴人(귀인) : 귀한 사람
- 高貴(고귀) : 인품이나 지위가 높고 귀함

83

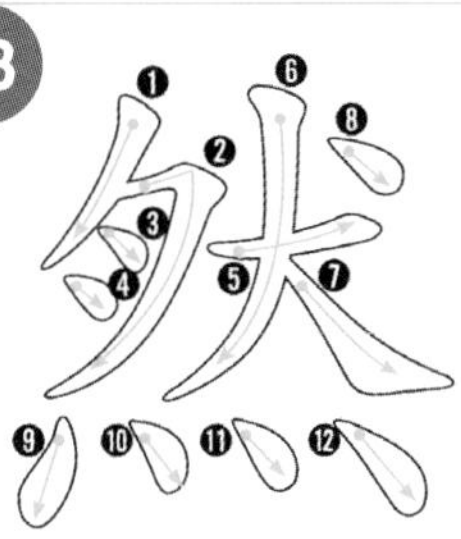

당연할
그럴 연

月	+	犬	+	灬
고기 육		개 견		불 화

고기(⺼)인 **개**(犬)는 **불**(灬)에 익혀 먹는 것이 당연하니

*⺼ : 肉(고기 육) 변형

然						

- 當然(당연) : 일의 앞뒤 사정을 놓고 볼 때 마땅히 그러함
- 自然(자연) : 사람의 힘을 더하지 않은 천연 그대로의 상태

84

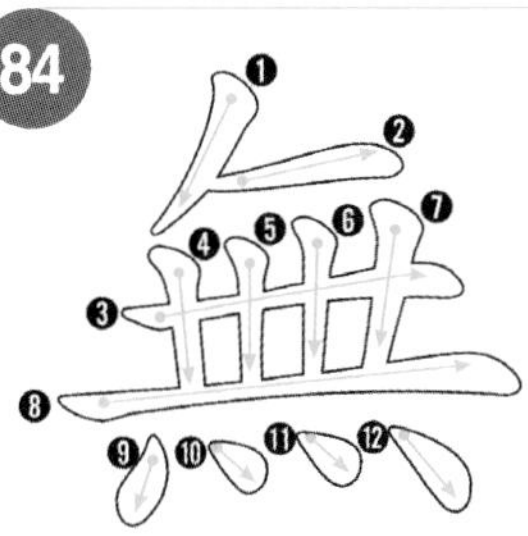

없을 무

𠂉	+	一	+	卌	+	一	+	灬
사람 인		한 일		네 개		땅 일		불 화

사람(𠂉)이 **한**(一) 줄로 나무 **네 개**(卌)를 **땅**(一)에 세워 놓고 **불**(灬)태워 없애니

*나무를 세워 쌓아 놓고 캠프파이어를 하며 태워 없앤다는 뜻입니다.

無						

- 無言(무언) : 말이 없음
- 無料(무료) : 요금이 없음

85

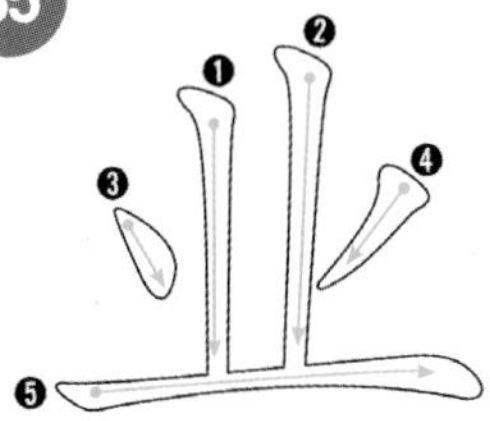

立 + 立

설립 설립

두 사람이 나란히 서(立) 있는 모양(竝)의 변형

*丷 : 竝(나란히 병)의 변형

나란히 병

业						

알림 마당

알맞게 연결하세요.

質 •	• 나란히 병
貴 •	• 품질 질
然 •	• 귀할 귀
無 •	• 당연할 연
业 •	• 없을 무

낙서판

86

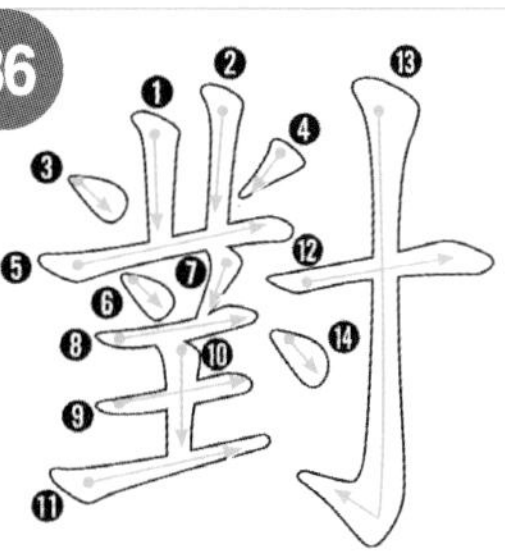

대답할 대할 대

业	+	主	+	寸
나란히 병		양 앙		규칙 촌

나란히(业) 앉아 순한 **양**(主)처럼 **규칙**(寸)에 따라 대답하니

*순한 양처럼 규칙에 따라 차례차례 대답한다는 뜻입니다.

對						

- 對答(대답) : 묻는 말에 답함
- 對面(대면) : 얼굴을 마주 보고 대함

87

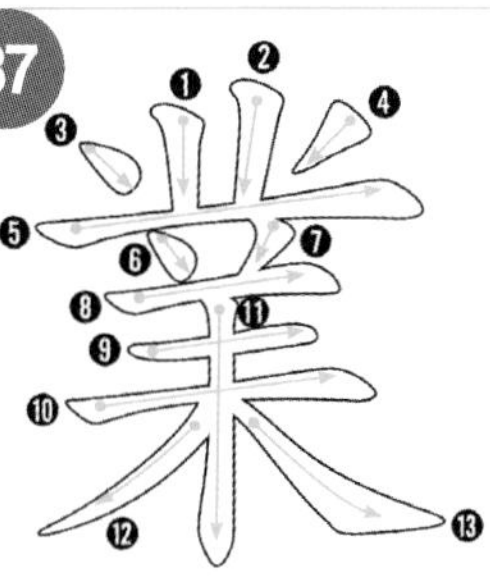

일 업

业	+	羊	+	人
나란히 병		양 양		사람 인

나란히(业) 앉아서 순한 **양**(羊)처럼 **사람**(人)들이 일하니

業						

- 生業(생업) : 살아가기 위하여 하는 일
- 學業(학업) : 공부하여 학문을 닦는 일

88

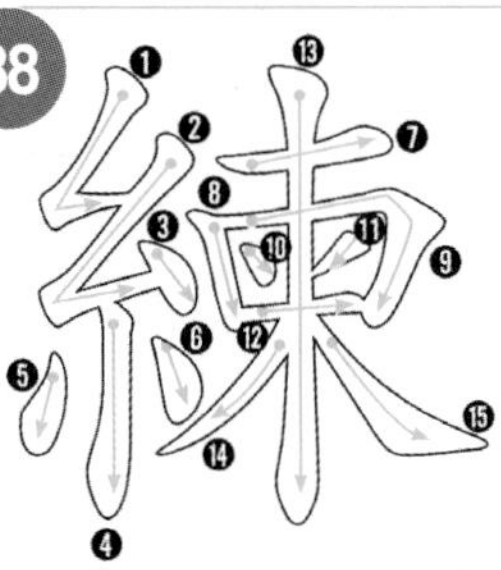

익힐 련

糸 (실 사) + 木 (나무 목) + 罒 (그물 망)

실(糸)로 **나무**(木)에 **그물**(罒) 치는 법을 익히니

*나무에 그물을 쳐서 새를 잡거나 열매를 보호하죠?

練						

- 訓練(훈련) : 기본자세나 동작 따위를 되풀이하여 익힘
- 練習(연습) : 학문이나 기예 따위를 익숙하도록 되풀이하여 익힘

89

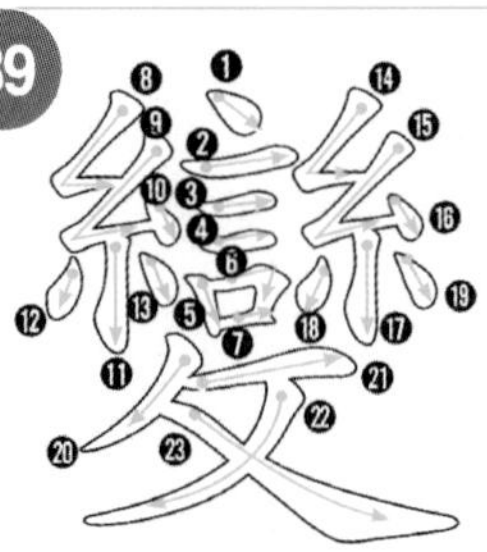

변할 변

言 (말씀 언) + 糸 (실 사) + 糸 (실 사) + 攵 (칠 복)

말(言)을 **실**(糸)과 **실**(糸)처럼 길게 늘여 훈계하고 **치면**(攵) 변하니

*말로 훈계하면 변한다는 뜻입니다.

變						

- 變心(변심) : 마음이 변함
- 變身(변신) : 몸의 모양을 바꿈

90

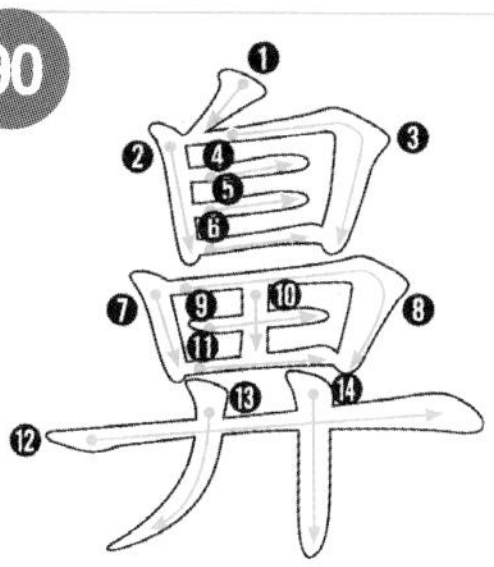

코 비

自	+	田	+	廾
코 자		밭 전		두 손 잡을 공

코(自)로 **밭**(田)에서 난 곡식을 **두 손으로 잡고**(廾) 냄새 맡으니

鼻						

- 鼻音(비음) : 코로 내는 소리
- 鼻炎(비염) : 콧속 점막에 생기는 염증

알림 마당

알맞게 연결하세요.

對 •　　　• 대답할 대

業 •　　　• 일 업

練 •　　　• 코 비

變 •　　　• 익힐 련

鼻 •　　　• 변할 변

낙서판

♣ 한자 밑에 뜻과 음을 쓰고, 옆 (   )에는 알맞은 부수를 쓰세요.

質
(   )

도끼(   )와 **도끼**(   )를 들고 비교하며 **돈**(   ) 주고 사려고 품질을 따지니

貴
(   )

가운데(   ) 있는 **하나**(   )의 **조개**(   )가 귀하니

然
(   )

고기(   )인 **개**(   )는 **불**(   )에 익혀 먹는 것이 당연하니

無
(   )

사람(   )이 **한**(   ) 줄로 나무 **네 개**(||||)를 **땅**(   )에 세워 놓고 **불**(   )태워 없애니

业
(   )

두 사람이 나란히 **서**(立) 있는 **모양**(竝)의 변형

對
(   )

나란히(   ) 앉아 순한 **양**(   )처럼 **규칙**(   )에 따라 대답하니

業
(   )

나란히(   ) 앉아서 순한 **양**(   )처럼 **사람**(   )들이 일하니

練
(   )

실(   )로 **나무**(   )에 **그물**(   ) 치는 법을 익히니

變
(   )

말(   )을 **실**(   )과 **실**(   )처럼 길게 늘여 훈계하고 **치면**(   ) 변하니

鼻
(   )

코(   )로 **밭**(   )에서 난 곡식을 **두 손으로 잡고**(   ) 냄새 맡으니

♣ 숫자 순서대로 부수를 결합하여 한자를 만들고 옆에 뜻과 음을 쓰세요.

① 斤 ② 貝 ③ 中 ④ 一 ⑤ 月 ⑥ 犬 ⑦ 灬
⑧ 無 ⑨ 业

81. ① + ① + ② =

82. ③ + ④ + ② =

83. ⑤ + ⑥ + ⑦ =

84. ⑧ =

85. ⑨ =

① 业 ② ⺷ ③ 寸 ④ 羊 ⑤ 人 ⑥ 糸 ⑦ 木
⑧ 罒 ⑨ 言 ⑩ 攵 ⑪ 自 ⑫ 田 ⑬ 廾

86. ① + ② + ③ =

87. ① + ④ + ⑤ =

88. ⑥ + ⑦ + ⑧ =

89. ⑨ + ⑥ + ⑥ + ⑩ =

90. ⑪ + ⑫ + ⑬ =

다음 한자어의 독음을 쓰세요.

品 質	性 質	貴 人
高 貴	當 然	自 然
無 言	無 料	對 答
對 面	生 業	學 業
訓 練	練 習	變 心
變 身	鼻 音	鼻 炎

다음 한자어를 한자로 쓰세요.

물건 품 품질 질	성품 성 바탕 질	귀할 귀 사람 인
높을 고 귀할 귀	마땅 당 당연할 연	스스로 자 그럴 연
없을 무 말씀 언	없을 무 값 료	대답할 대 대답할 답
대할 대 얼굴 면	살 생 일 업	배울 학 일 업
가르칠 훈 익힐 련	익힐 련 익힐 습	변할 변 마음 심
변할 변 몸 신	코 비 소리 음	코 비 더울 염

91

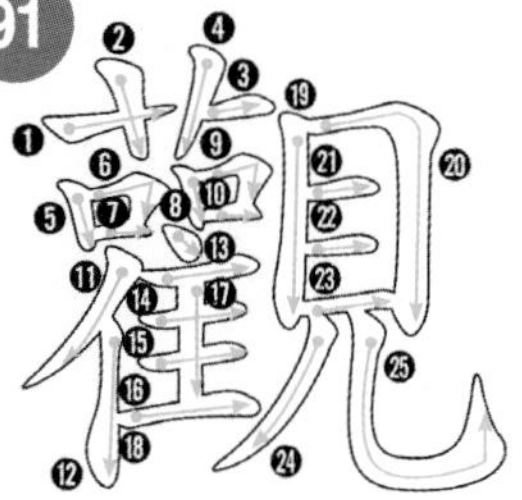

볼 관

⺾	+	口	+	口	+	隹	+	見
풀 초		입 구		입 구		새 추		볼 견

풀(⺾) 속에서 **입**(口)과 **입**(口)으로 지저귀며 **새**(隹)들이 보니(見)

觀

• 觀客(관객) : 공연, 영화 따위를 보는 사람
• 觀望(관망) : 어떤 일이 되어 가는 형편을 바라봄

92

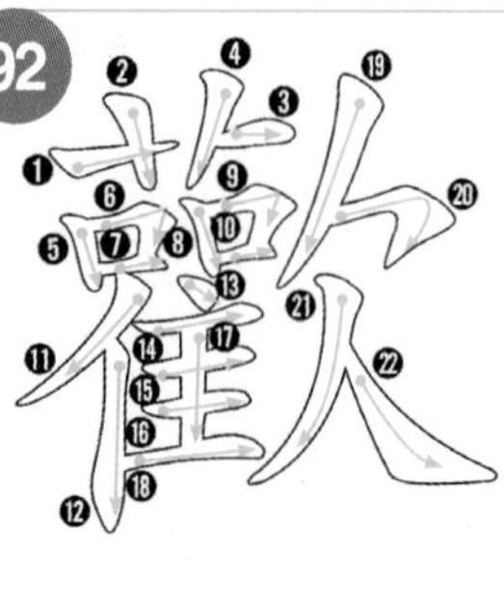

기쁠 환

⺾	+	口	+	口	+	隹	+	欠
풀 초		입 구		입 구		새 추		입 벌릴 흠

풀(⺾) 속에서 **입**(口)과 **입**(口)으로 **새**(隹)들이 **입 벌려**(欠) 노래하듯 기뻐하니

歡

• 歡樂(환락) : 기쁘고 즐거움
• 歡心(환심) : 기쁘고 즐거운 마음

93

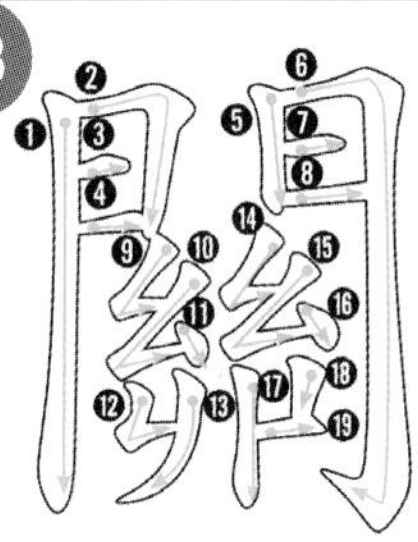

빗장
관계할 관

門	+	幺	+	丩	+	幺	+	卩
문 문		작을 요		조각 장		작을 요		조각 편

문(門)을 **작은**(幺) **조각**(丩)과 **작은**(幺) **조각**(卩)으로 걸어 잠그는 빗장

*빗장 : 문을 닫고 가로질러 잠그는 막대기 쇠장대

關						

- 關門(관문) : 국경이나 요새의 성문
- 關心(관심) : 어떤 것에 마음이 끌려 주의를 기울임

94

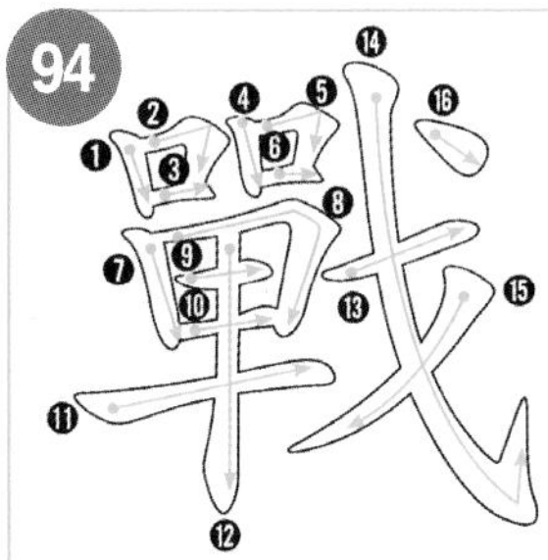

싸움 전

口	+	口	+	曰	+	十	+	戈
입 구		입 구		말할 왈		열 십		창 과

입(口)과 **입**(口)으로 **말**(曰)하듯 소리 지르며 **열**(十) 명이 **창**(戈)을 들고 싸우니

戰						

- 戰爭(전쟁) : 싸움
- 內戰(내전) : 나라 안 싸움

95

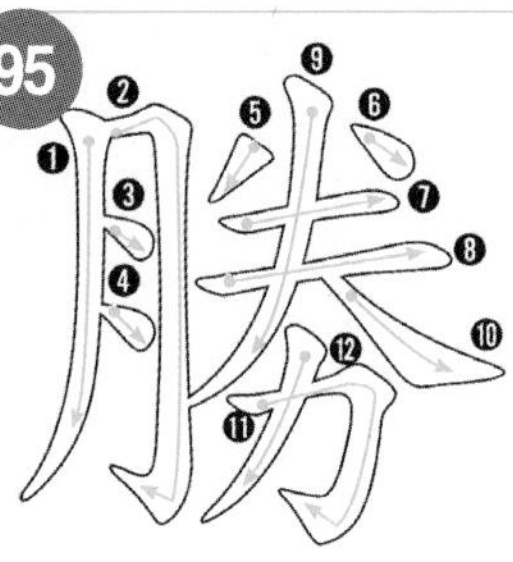

이길 승

月 + 八 + 夫 + 力

몸 월 / 여덟 팔 / 사내 부 / 힘 력

몸(月)을 **팔**(八)방으로 움직여 **사내**(夫)가 **힘**(力)써 이기니

*月 : 肉(고기 육)의 변형으로 몸의 뜻을 나타냅니다.

勝						

- 大勝(대승) : 크게 이김
- 勝利(승리) : 겨루어 이김

알림 마당

알맞게 연결하세요.

觀 •	• 이길 승
歡 •	• 싸움 전
關 •	• 볼 관
戰 •	• 기쁠 환
勝 •	• 빗장 관

낙서판

96

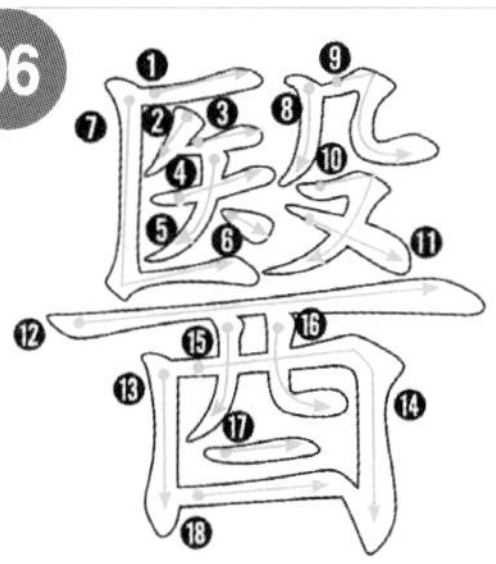

의원 의

匚	矢	殳	酉
상자 방	화살 시	창 수	술 유

상자(匚)처럼 패이고 **화살**(矢)과 **창**(殳)에 찔린 곳을 **술**(酉)로 소독하는 의원

*의사가 상처 입은 곳을 술로 소독하고 치료한다는 뜻입니다.

醫

- 醫藥(의약) : 의료에 쓰이는 약
- 醫院(의원) : 의사가 아픈 사람을 치료하는 곳

97

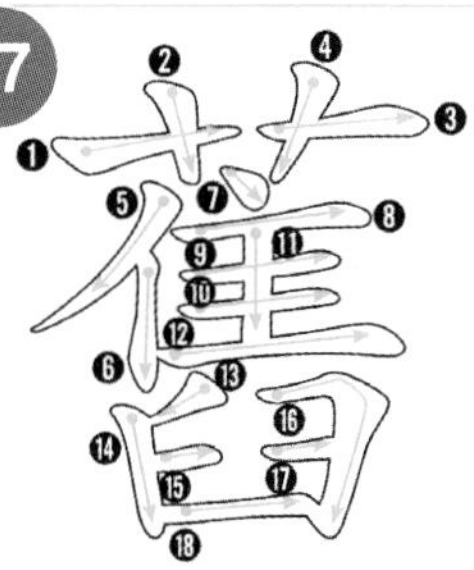

오랠 구

艹	隹	臼
풀 초	새 주	절구 구

풀(艹) 속에 **새**(隹)가 **절구**(臼)처럼 둥지를 만들고 오래 사니

舊

- 新舊(신구) : 새것과 헌것
- 舊習(구습) : 예전부터 내려오는 낡은 풍습

98

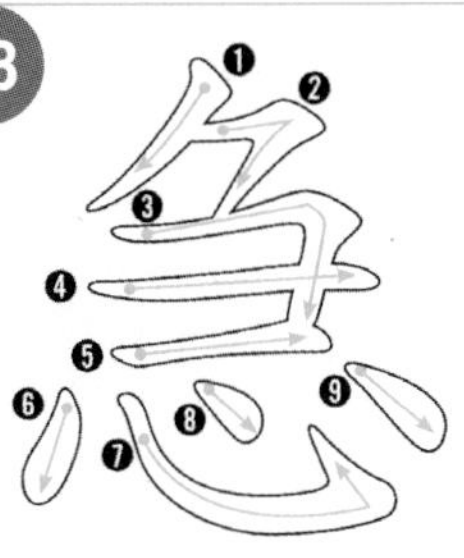

⺈	+	⺕	+	心
쌀 포		손 우		마음 심

감싸(⺈) **손**(⺕)을 잡고 재촉하여 **마음**(心)이 급하니

*손을 감싸 잡고 재촉하니 마음이 급하다는 뜻입니다.

급할 급

急						

- 急速(급속) : 급하고 빠름
- 急變(급변) : 상황이나 상태가 갑자기 달라짐

99

人	+	一	+	口	+	⺌	+	日
사람 인		한 일		울타리 위		마음 심		말할 왈

사람(人)들이 **하나**(一)같이 **울타리**(口)인 **마음**(⺌)을 열고 **말**(日)하려고 모이니

모일 회

會						

- 會見(회견) : 서로 만나 봄
- 會食(회식) : 여러 사람이 모여 함께 음식을 먹음

100

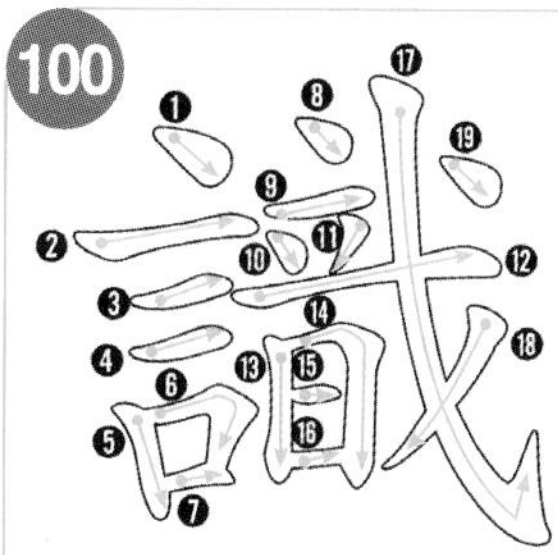

言 + 音 + 戈

말씀 언 | 소리 음 | 창 과

말(言)이나 **소리**(音)를 알아듣고 **창**(戈)으로 기록하니

*말이나 소리를 알아듣고 창으로 기록하여 글로 남긴다는 뜻입니다.

알 식
기록할 지

識						

- 學識(학식) : 배워서 얻은 지식
- 識別(식별) : 사물의 성질이나 종류 따위를 구별함

알림 마당

알맞게 연결하세요.

醫 •　　• 모일 회

舊 •　　• 급할 급

急 •　　• 의원 의

會 •　　• 오랠 구

識 •　　• 알 식

낙서판

♣ 한자 밑에 뜻과 음을 쓰고, 옆 (   )에는 알맞은 부수를 쓰세요.

觀
(   )

풀(   ) 속에서 **입**(   )과 **입**(   )으로 지저귀며 **새**(   )들이 보니(   )

歡
(   )

풀(   ) 속에서 **입**(   )과 **입**(   )으로 **새**(   )들이 **입 벌려**(   ) 노래하듯 기뻐하니

關
(   )

문(   )을 **작은**(   ) **조각**(   )과 **작은**(   ) **조각**(   )으로 걸어 잠그는 빗장

戰
(   )

입(   )과 **입**(   )으로 **말**(   )하듯 소리 지르며 **열**(   ) 명이 **창**(   )을 들고 싸우니

勝
(   )

몸(   )을 **팔**(   )방으로 움직여 **사내**(   )가 **힘**(   )써 이기니

醫
(   )

상자(   )처럼 패이고 **화살**(   )과 **창**(   )에 찔린 곳을 **술**(   )로 소독하는 의원

舊
(   )

풀(   ) 속에 **새**(   )가 **절구**(   )처럼 둥지를 만들고 오래 사니

急
(   )

감싸(   ) **손**(   )을 잡고 재촉하여 **마음**(   )이 급하니

會
(   )

사람(   )들이 **하나**(   )같이 **울타리**(   )인 **마음**(   )을 열고 **말**(   )하려고 모이니

識
(   )

말(   )이나 **소리**(   )를 알아듣고 **창**(   )으로 기록하니

♣ 숫자 순서대로 부수를 결합하여 한자를 만들고 옆에 뜻과 음을 쓰세요.

① 雚 ② 見 ③ 欠 ④ 門 ⑤ 幺 ⑥ 丩 ⑦ 卜
⑧ 單 ⑨ 戈 ⑩ 月 ⑪ 八 ⑫ 夫 ⑬ 力

91. ① + ② =

92. ① + ③ =

93. ④ + ⑤ + ⑥ + ⑤ + ⑦ =

94. ⑧ + ⑨ =

95. ⑩ + ⑪ + ⑫ + ⑬ =

① 医 ② 殳 ③ 酉 ④ 艹 ⑤ 隹 ⑥ 臼 ⑦ 𠂊
⑧ 彐 ⑨ 心 ⑩ 會 ⑪ 言 ⑫ 音 ⑬ 戈

96. ① + ② + ③ =

97. ④ + ⑤ + ⑥ =

98. ⑦ + ⑧ + ⑨ =

99. ⑩ =

100. ⑪ + ⑫ + ⑬ =

♣ 다음 한자어의 독음을 쓰세요.

觀 客	觀 望	歡 樂
歡 心	關 門	關 心
戰 爭	內 戰	大 勝
勝 利	醫 藥	醫 院
新 舊	舊 習	急 速
急 變	會 見	會 食
學 識	識 別	

♣ 다음 한자어를 한자로 쓰세요.

볼 관 손님 객	볼 관 바라볼 망	기쁠 환 즐거울 락
기쁠 환 마음 심	빗장 관 문 문	관계할 관 마음 심
싸움 전 다툴 쟁	안 내 싸움 전	큰 대 이길 승
이길 승 이로울 리	의원 의 약 약	의원 의 집 원
새 신 오랠 구	오랠 구 익힐 습	급할 급 빠를 속
급할 급 변할 변	모일 회 볼 견	모일 회 먹을 식
배울 학 알 식	알 식 나눌 별	

♣ 아래의 빈칸에 한자는 뜻과 음을, 뜻과 음은 한자를 쓰세요.

81~100번 형성평가

	質	貴	然	無	业
對	業	練	變	鼻	觀
歡	關	戰	勝	醫	舊
急	會	識		품질 질	귀할 귀
당연할 연	없을 무	나란히 병	대답할 대	일 업	익힐 련
변할 변	코 비	볼 관	기쁠 환	빗장 관	싸움 전
이길 승	의원 의	오랠 구	급할 급	모일 회	알 식

종합 평가

1 ~ 20번 형성평가

方	房	防	訪	其	基
期	旗	族	旅	也	地
池	他	看	價	責	績
積	隊		사방 방	방 방	막을 방
찾을 방	그 기	터 기	때 기	기 기	겨레 족
여행할 려	또한 야	땅 지	연못 지	다를 타	볼 간
값 가	꾸짖을 책	짤 적	쌓을 적	무리 대	

21 ~ 40번 형성평가

臭	息	壯	裝	𠦝	朝
韓	偉	圍	雄	周	調
週	卒	伏	傳	團	困
圖	夜		냄새 취	숨 쉴 식	씩씩할 장
꾸밀 장	해 돋을 간	아침 조	나라 한	위대할 위	에워쌀 위
수컷 웅	두루 주	조사할 조	주일 주	마칠 졸	엎드릴 복
전할 전	모을 단	곤란할 곤	그림 도	밤 야	

41 ~ 60번 형성평가

去	法	被	波	步	充
育	庫	案	德	泉	習
取	最	切	爭	愛	種
歷	病		갈 거	법 법	입을 피
물결 파	걸음 보	가득할 충	기를 육	창고 고	책상 안
덕 덕	샘 천	익힐 습	가질 취	가장 최	끊을 절
다툴 쟁	사랑 애	씨 종	지낼 력	병 병	

61 ~ 80번 형성평가

原	願	類	傾	過	筆
寒	溫	漏	湖	析	折
黃	廣	競	番	炎	談
善	黑		들판 원	원할 원	무리 류
기울 경	지날 과	붓 필	찰 한	따뜻할 온	샐 루
호수 호	쪼갤 석	꺾을 절	누를 황	넓을 광	다툴 경
차례 번	불꽃 염	말씀 담	착할 선	검을 흑	

81 ~ 100번 형성평가

質	貴	然	無	业	對
業	練	變	鼻	觀	歡
關	戰	勝	醫	舊	急
會	識		품질 질	귀할 귀	당연할 연
없을 무	나란히 병	대답할 대	일 업	익힐 련	변할 변
코 비	볼 관	기쁠 환	빗장 관	싸움 전	이길 승
의원 의	오랠 구	급할 급	모일 회	알 식	

중앙에듀북스 Joongang Edubooks Publishing Co.
중앙경제평론사 | 중앙생활사 Joongang Economy Publishing Co./Joongang Life Publishing Co.

중앙에듀북스는 폭넓은 지식교양을 함양하고 미래를 선도한다는 신념 아래 설립된 교육 · 학습서 전문 출판사로서 우리나라와 세계를 이끌고 갈 청소년들에게 꿈과 희망을 주는 책을 발간하고 있습니다.

미리 만나는 중등 한자

초판 1쇄 발행 | 2017년 2월 18일
초판 2쇄 발행 | 2024년 2월 20일

지은이 | 박두수(Dusu Park)
펴낸이 | 최점옥(Jeomog Choi)
펴낸곳 | 중앙에듀북스(Joongang Edubooks Publishing Co.)

대 표 | 김용주
편 집 | 한옥수 · 백재운 · 용한솔
디자인 | 박근영
인터넷 | 김회승

출력 | 영신사 종이 | 한솔PNS 인쇄 · 제본 | 영신사

잘못된 책은 구입한 서점에서 교환해드립니다.
가격은 표지 뒷면에 있습니다.

ISBN 978-89-94465-37-1(63700)

등록 | 2008년 10월 2일 제2-4993호
주소 | ㊉ 04590 서울시 중구 다산로20길 5(신당4동 340-128) 중앙빌딩
전화 | (02)2253-4463(代) 팩스 | (02)2253-7988
홈페이지 | www.japub.co.kr 블로그 | http://blog.naver.com/japub
네이버 스마트스토어 | https://smartstore.naver.com/jaub 이메일 | japub@naver.com
♣ 중앙에듀북스는 중앙경제평론사 · 중앙생활사와 자매회사입니다.